勿忘怪談
野辺おくり

ひびきはじめ

竹書房
怪談
文庫

目次

4

どっからきたん

昭和五十年代の半ば、近畿地方のある田舎町での話である。

夏の良く晴れた午後のことだった。

農業を営むAさんが息子と散歩をしていると、子どもが一人田んぼ道にぽつんと立っていた。真っ黒に日焼けした男の子だったという。

幼稚園に通う息子と同じくらいの年齢に見える。

しかし自治体やたまに参加する幼稚園の行事では見かけない子だ。すべての子どもを知っているわけではないが、なんとなく近所の子ではないように思えた。

夏休みだから街から帰省してきた家族の子どもかもしれないが、それならばこんな場所に一人でいることも、くたびれたランニングシャツに汚れた半ズボンという、見るからに普段着然とした格好も不自然である。

迷子だろうか。

どうしたものかと考えていると、息子が先に男の子に話しかけた。

子ども同士はすぐに仲良くなる。

「どっからきたん？」

「家。自転車に乗ってきた」

Aさんが、誰かにうしろに乗せてきてもらったのかと訊くと、そうだと頷く。

「お兄ちゃんの自転車のうしろに乗せてもろてた」

ところが、その兄らしき人物も自転車も近くに見当たらない。

お兄ちゃんはどこへ行ったの、と訊くと男の子もわからないという。

ランニングシャツの裾に安全ピンでハンカチが留められている。もしや、と見ると黒いマジックで住所と名前と電話番号が書いてあった。男の子はMくんというらしい。

記された住所は同じ市内とはいえ、車でも三十分以上かかる。通常は自転車で行き来する距離ではない。

ならばお兄ちゃんと呼んでいる大人の人と一緒に自転車ではなく車で来たのか、と訊ねなおすと、お兄ちゃんは小学生で、乗っていたのは自転車だという。

やはり兄弟で自転車に二人乗りをしていたということなのだろう。

Aさんは Mくんを連れて家に戻り、ハンカチに記された電話番号に電話をかけた。

先方もMくんを探していたと見えて、電話口に出た両親はあわてたようすだった。

「Mくんがこちらで迷子になっているようです」

Aさんがそう伝えると、町名を聞いた両親は、そんなはずはないと狼狽《うろた》えながらも、すぐにうかがうといった。

両親とAさんが電話で照らし合わせるMくんの服装や特徴は、ぴったりと一致していた。

しばらくして両親はタクシーで待ち合わせの場所までやってきた。

一緒に小学校の高学年と思しき男の子がいる。

どうやらこの子がお兄ちゃんらしい。

見れば、膝小僧に血の染みた絆創膏を貼っている。

弟が見つかって安心したのか、お兄ちゃんは涙目になりながら、あらためてAさんにも事情を話し始めた。

両親にも同じことを何度も話したのだろう。

噛みしめるように話す一言ひと言に信じてほしいという思いが伝わってくる。

「Mを自転車のうしろに乗せて田んぼ道を走ってたら、道に大きい穴が開いてて、避けようと思たんやけど、間に合わなんで、そこにタイヤがはまって、コケてしもたんです。うしろを見たらMがおらんかって。どこかに落ちよったんかと思て、あちこち探しても、どこにもおらんかって……」

お兄ちゃんは話しながら泣きだしてしまった。

「Mくんが見つかって良かったな」

Aさんは、そういって小さな背中をそっと撫でてあげたという。

8 くしゃみ

「くしゃみが怖いんです」

四十代の女性Cさんは、他人のくしゃみが怖いという。

はくしょんっ！　という声が怖い。声は大きければ大きいほど怖い。

くしゃみをする人との距離が近ければ近いほど怖い。

強いていうならば、くしゃみをする人を見るだけでも怖いのだそうだ。

しかしそれは、他人の飛沫によってなにかの病気をうつされるのが怖いという意味ではないらしい。


Cさんは中学生のとき、自転車通学をしていた。

ある日のこと。部活を終えて家の方向が同じ友人たちと帰宅していた。一人減り二人減り、いつものようにいちばん家が遠いCさんは一人になった。

センターラインもないごく普通の市道を通っていたときだという。

前方から一人の男性が歩いてきた。車も歩行者も他にはいない。

なんとなく男性に目がいった。

男性は灰色の作業服を着ている。

その通りには小さな町工場が何社か軒を並べている。なんとなく、仕事が終わって家に帰るところなのだろうと思った。

中学生のCさんには、見た目からその男性の年齢を推測することは難しかったが、青年という雰囲気ではなかったという。

いま考えれば三十代の半ばくらいだろうか。

「痩せてひょろっとした男性で、髪は長めでぼさぼさという感じでした。でも、時代的にそういう男性も珍しくなかったから、特になんとも思いませんでした」

男性は背中を丸めポケットに両手を入れて、咥え煙草で歩いていた。

すると、鼻がむずむずするといったようすで顔を数回しかめたかと思うと、煙草をぷっと溝に吐き捨てた。

そして、Cさんとすれ違う間際に、大きく前に身体を屈めながら、

「はっくしょーんっ」

と大きなくしゃみをした。

男性がすっと体勢を元に戻したとき、Cさんは思わず悲鳴をあげた。

「失敗した福笑いのように、目と鼻と口の位置がでたらめに入れ替わっていたんです」

男性は何事もなかったように、そのまま前を向いて歩き去ったという。

畑の道

「サルが一匹街に迷い出たくらいでニュースになるような都会の人には想像もつかないでしょうね」

話はそんな軽い苦笑いから始まった。

N子さんの家は山間の集落にあり、現在はそこで一人暮らしをされている。

ご主人は十数年前に亡くなり、二人の息子はそれぞれ離れた街で所帯を持っているとのこと。

N子さんは家の裏手にある小さな畑で野菜を作っている。

あくまでも趣味の範囲であり、自分が食べる分だけの小規模な菜園だが、多く採れたときには同じ集落に住むグランドゴルフの仲間におすそ分けをするのだという。

街に住む長男は家のリフォームを済ませ、N子さんを迎える準備をしてくれているが、元気なうちは迷惑をかけずに一人で暮らしたいと思っている。寂しくないわけではないが自然に囲まれての畑作りは身体にもいいし、なによりも気楽である。

家は集落のもっとも山手にあり、畑の奥はすぐそこまで雑木林が迫っている。

近年、イノシシやサル、ときにはシカが集落まで下りてきて、畑の作物を食い荒らすようになった。

丹精込めて作ったとしても、収穫の時期を見計らうようにして野生の動物たちに全部食べられてしまう。ひと口かじっただけで地面に落ちたものも少なくなく、なんともいえない気持ちになった。

苗や肥料代、そして手間暇を考えると、野菜はスーパーで買ったほうがはるかに安い、と周囲の住人も皆嘆いていた。

最近では野菜作りを諦めて動物の食べない草花を畑で育てて楽しむ家も増えてきたそうだ。

そのことを長男のMさんに話したところ、畑に「電気柵」を設置してみようか、ということになった。

電流を流したワイヤーで畑をぐるりと囲み、動物が触れると強い静電気のようなショックを与える装置である。ビリッと痛い思いをした動物は畑に近づかなくなる。

とはいえ、サルは賢いからいずれ柵を越えるだろう、今後は防護ネットとの併用も考えようといってくれた。

電気柵は通販でも買えるらしく、Mさんはさっそく次の休日に家族でやってきて一日がかりで設置してくれた。

畑は長方形をしていて、ちょうど中程の位置に、踏みしめられることで自然にできた幅五十センチほどの道があった。

山からまっすぐに集落のほうを向いたその道を隔てて、畑は二つのブロックに分かれていたが、ワイヤーは両方を一緒にぐるりと囲むように張られた。

電源はソーラーシステムで、二十四時間通電しているとのことであった。


どういうわけか、N子さんは電気柵で畑を囲んだ日を境に、続けて同じ夢を見るようになった。

——夜、なぜかN子さんは畑にいる。

どこからか、さっ、さっ、と土を踏む音が聞こえる。

見ると、山の雑木林のほうから、緩い斜面を一人の老人が歩いてくる。

こんな時間に誰だろう、と目を凝らす。

そもそもなにもない雑木林、こんな時間に人がいるだけで不自然である。

老人は痩せていて、くすんだ色の膝切りの着物を着ている。

老人はゆっくりとした足取りで畑まで来ると、前進しかできない歩行人形のように電気柵の前で立ち止まる。

電気柵が妨げになるといっても、左右どちらかにほんの数メートル迂回すれば下りていけるだろうに。そう思いながらも、老人から漂う異様な気配がN子さんの身を固くさせる。すると、老人がゆっくりとこちらに視線を向けた。

月明かりが、老人の顔を浮かび上がらせる——。

いつもそこで目が覚めるのだった。

ある日の朝、Mさんから電話があった。小学生の息子が高熱を出したとのこと。あわてて医者に連れて行ったが原因がはっきりわからない。すでに数日間学校を休んでいるという。

孫の一大事にあわてると同時に、N子さんは厭な胸騒ぎがした。

「忙しいとは思うけれど、一度、家に来てもらえないだろうか」

N子さんはいった。

日頃そうしたことに敏感なほうではないが、孫の突然の発熱が、夢の中で山から下りてくる老人と電気柵に関係があるような気がしてならなかったのである。

N子さんは無理をいって申し訳ないけれど、と畑の真ん中にある道の部分を開けるようにワイヤーを張りなおしてほしいとMさんに頼んだ。

なんの意味があるのか、とMさんは訝しがったが、N子さんの思いに押される形で張りなおしてくれた。

結果、電気柵はまるでモーゼの海割りのように、人が一人歩いて通れるだけの道幅を空けてワイヤーが向かい合う格好に仕上がった。

その日の夜、孫の高熱は嘘のように引き、それ以降N子さんが老人の夢を見ることもなくなったという。

16
井戸

現在八十代のM代さんは、高校生まで山間の村で育った。

そこは十戸あまりの集落で、子どもの頃は電気以外ガスも水道も来ていなかった。火は薪かプロパンガス、水は井戸水を使っていたという。

井戸は村の中に三箇所あり、三軒か、四軒がひとつの井戸を共同で使っていた。どの井戸にも二枚の半円形の木板を並べて覆う蓋がしてあった。

蓋の一部に切り込みがあり、太いビニールパイプが井戸の中に伸びている。ビニールパイプのもう片方は各家に設《しつら》えられた電気式のポンプの水道管に繋がっていて、家の中の蛇口をひねると自動でスイッチが入り、水が出るようになっていた。

M代さんの家が使っていた井戸は、雑木林の入り口にあったという。

通常、水を井戸まで汲みに行く必要はないが、蓋には取手があり、自由に開け閉めができるようになっていた。井戸水のようすがわかりやすいという理由もあるが、主な目的は夏にスイカや飲み物を冷やすためであった。

紐のついたネットにスイカやジュースを入れて井戸に下ろす。

そうした物を冷やすのはM代さんの役目だった。

ある日のこと。

スイカを冷やそうと久しぶりに井戸まで行くと、蓋が片方ずれて井戸の縁から落ちかけていた。

木製の蓋だからそれほど重いものではないが、かといって風で動くものでもない。

首をかしげながらずれた蓋を持ち上げた。

「うわっ」

水面を見たM代さんは思わずスイカを落としそうになった。

こげ茶色のけものが一匹浮いていた。

猫か狐か狸か。小さな犬か。

水面に浮かんだけものが死んでいることはすぐにわかった。

蓋に乗ったときに板がずれて隙間が空き、そのあいだから井戸の中に落ちてしまったのだろう。野生の動物にとって一度落ちれば二度と自力では生きて出ることのできない恐ろしい罠になってしまった。落ちてすぐに見つけていればと悔やむ気持ちもあるが、どうしようもない。

以前、隣村の貯水池で野良猫が死んで浮かんでいるのを見たことがあるが、そのお腹は風船のように膨らんでいた。ところが、井戸の中のそれは、身体は膨らんでおらず半分沈みかけている。死んでから時間が経っているのだろうか。もしかしたら少し腐り始めているかもしれない。

M代さんは走って母親を呼びに戻った。

すぐに母親と一緒に、近所のおじさんも二人井戸まで来た。

「こりゃかなわんな」

「井戸に落ちるなんてどんくさい奴や」

口々にいって、そのうちの一人が釣りで使うタモを取りに戻ると、けものの死骸を注意深く掬いあげた。網目から滴る水と一緒に、小さな肉片のような物が落ちる。

タモを持ったおじさんは網から顔を背けながら藪の奥に進むと、草むらに向けて一気に死骸を放った。

そうして一段落つくと、もう一人のおじさんが、

「わしゃ、最近なんとなく井戸水が甘いと思てたんや」

と冗談をいった。

「そやけどまあ、誰も腹を壊さんで良かった」

と、もう一人。いずれにしても、地下水の豊かな水量やパイプの吸い込み口の形状と位置、地下の岩盤による浄化などの偶然が良い方向に働いたのだろう、ということだった。自然の力に助けられたというべきだろうか。

M代さんは一旦みんなと一緒に家に戻ったが、死んでなお馬鹿にされ迷惑だと罵られたけものが可哀そうに思えてきた。

しばらく思案したあと、M代さんは一人鍬《すき》を持って草むらに戻った。気持ちが悪いのを我慢して土の中に埋めなおしてあげたのだという。

その日を境に、朝になると土間の一箇所に、小さな水溜まりができているようになった。なんだろうと思っていたが、三日ほど経った日の深夜、用を足しに起きたM代さんは、薄暗い土間にずぶ濡れのけものがちょこんと座っているのを見た。

ところどころ毛と肉が剥がれて骨が見えている。

（あのときの……）

けものはM代さんを見上げながらハフハフと口を開け閉めするが、顔が崩れかけているからうまく鳴けないようだった。

「ここにいても、なんもしてやれん。お山の神様のところにお帰り」

M代さんが優しくそういうと、けものは闇に溶けるようにすうっと姿を消した。

やはり、猫か狐か狸か小さな犬か、最後までわからなかったという。

石段

Tくんが高校生のとき、夏休みに仲の良かったグループでN子さんのお母さんの実家に泊りがけで遊びに行った。

お世話になったのは男子女子三人ずつの六人。誰と誰がカップルといったこともない文字通りの仲良しグループだったという。

その家にはN子さんの祖父母が二人だけで住んでいた。

部屋は空いているから好きなだけ泊まっていいとのこと。

みんなで二泊の計画を立てた。

ゆったりとした造りの日本家屋は、確かにお祖父さんとお祖母さん二人きりでは広すぎるくらいの家だったという。

山間の自然に囲まれていて、夏なのに涼しく、縁側から遠く海も見えた。

昼間は十畳の座敷が並んだ襖《ふすま》を開けて二間続きにしてもらった。

合宿所のような雰囲気になり、N子さんのお母さんが子どもの頃に遊んだ古いボード・

ゲームを引っぱり出してきて遊んだり、座敷机で宿題をしたりしたという。

夜は襖を閉めて男女に分かれて寝た。


二日目のこと。

Tくんは裏山にある石段を登った。

五分ほど上がったところに、村でお祀《まつ》りしている小さな神社があると聞いたからだ。

N子さんは幼い頃から、両親に連れられて祖父母の家に来るたびに、この石段や祠《ほこら》のそばで遊んでいたらしい。

ちょうど昼食を食べ終えてそれぞれが寛いでいる時間だった。

石段はそれほど多くなく、すぐに平らなところに着いた。そこには小ぢんまりとした舞殿《まいどの》があり、舞殿をぐるりと迂回してさらに石段を上がると、神様を祀る祠があった。

「なにを拝んだのか憶えていないのですが、手を合わせていると、なんともいえず清々しい静粛な気持ちになったことをはっきりと憶えています」

振り返ると、麓《ふもと》の町の景色が広がり、その先に真っ青な海が見えたという。

少し奥に祀られた小さな祠も拝みおわると、石段を何段か下り、途中で腰を下ろした。

海のほうから吹いてくる風が気持ちいい。

うるさいほどの蝉の声を聞きながら、目を閉じたという。

瞼の裏に真っ赤な夏の日差しを感じていると、ぽんぽんと右肩を二回叩かれた。

石段の端のほうに腰を下ろしたつもりだったが、誰かが通るのに邪魔になってしまったのだろう。すみません、と目を開けると、白い着物を着た老人が立っていた。髪の毛も髭も真っ白で長い。

一言でいえば「仙人のような」風貌のお爺さんだった。

にこにこと微笑みながらTくんを見下ろしている。

Tくんが立ち上がろうとすると、老人はそれを目で制するように小さく頷き、その横を通り過ぎていった。

Tくんは（田舎にはいろんな人がいるなぁ）と思いながら、その姿を見送ったという。

それを機に、みんなのところへ戻ろうと立ち上がった。

石段を下りていると、右肩をまたぽんぽんと二回叩かれた。

えっ？

周囲を見回しても誰もいない。

おかしいなと思いながら階段を下っていると、

「Tくん、Tくん」

こんどは耳元で声がした。

――目を開けると、目の前にN子さんがいた。

「Tくん、いつまで居眠りしてるのよ」

あわてて周囲を見回す。

Tくんは石段に腰を下ろしていた。あの老人に右肩を叩かれる前の状態である。

夢を見ていたのだろうか。いや、石段に座ったあと、風が気持ち良かったから少し目を閉じただけだ。すぐに老人に肩を叩かれたのだから眠ってはいない。

老人が階段を上がっていったあと、立ち上がって石段を下りていた感覚も残っている。

「いま、ぼくの肩、何回か叩いた？」

「なんで？　叩いてないわよ」

N子さんは、Tくんが神社に行ったのは知っていたけれど、あまりに帰りが遅いから見に来たのだといった。

驚いて腕時計を見ると、家を出てから一時間半以上経っていた。

どう考えても二十分。ゆっくり拝んでいたとしてもせいぜい三十分の出来事だ。

Tくんは釈然としないままN子さんと家まで戻った。

「Tくんったら、石段に座っていままでずっと寝ていたのよ」

家に戻ると、N子さんはお祖母さんにいった。

「いえ、寝ていたつもりはないんですが、なんだか不思議なんです」

Tくんが横から説明すると、お祖母さんは、

「神さんにえらい気に入られたもんやね」

と笑った。

「お祖母ちゃん、それどういうこと？」

「相性の良いお宮さんにお詣りすると、もの凄く眠くなるって聞いたことがあるからね」

お祖母さんはそういってTくんに微笑んだという。

Tくんと N子さんたちのグループは、高校卒業とともにそれぞれの進路に進み、数年に一度開かれる同窓会で顔を合わすだけとなったが、何度目かの同窓会を機に、二人は付き合い始めたのだという。
「あのとき、彼女のお祖母さんがいったこと、ただの迷信だろうと思っていたんですが……」

そういってTくんは笑う。

付き合い始めて一年が過ぎた頃、TくんはN子さんと二人で、彼女の祖父母と神社の神様に婚約の報告をしに行ったのだそうだ。

残り香

設備機械の会社を定年退職し、現在は奥さんと二人で趣味の園芸を楽しんでいるFさんだが、現役時代は文字通り日本中を飛びまわる出張の多い生活だったという。

ある年の夏のこと。

Fさんは新しい製品を納入するために某市に出向いた。

そこは小ぢんまりとした市街地を囲むように田畑が広がり、三方から山が迫る鄙《ひな》びた町だったという。

出張は製品の設置から試運転、操作方法の指導まで四日間の日程で、主に立ち合いが任務となる。運送と設置は別会社のため、Fさんは予約を入れていたビジネスホテルに一人で滞在することになっていた。

ビジネスホテルは町はずれの一際寂しい場所にあった。

ホテルのロビーには色褪せた観光案内のパンフレットが数種類置いてあり、柱に貼られたポスターには、近辺の略地図に加えて、甲冑《かっちゅう》姿の武士や足軽《あしがる》のイラストが描かれていた。

どうやらこの辺りは古戦場だったらしい。

歴史が好きならば興味もわくのだろうが、あいにくFさんの食指は動かなかった。

(本当になんにもない町だな)

仕事終わりにどこかに出かけるつもりもないものの、夕食は市街地で済ませてからホテルに戻ったほうがよさそうだった。部屋に戻れば風呂に入って寝るしかない。

Fさんの部屋は四階建ての三階、いちばん奥の角部屋だった。


初日は、昼間の緊張と疲れですぐに寝てしまったという。


二日目の夜。

その夜も早々にベッドに横になった。

ところが、夜中に物音がしてふと目が覚めた。

ガサガサと背丈のある雑草を掻き分けながらなにかが移動するような音。

枕元の時計を見ると午前二時過ぎを指している。

(なんの音だ?)

と思ったとたん、音は止んだ。

その一度きりだったならば、おそらく記憶にも残らなかっただろう。

三日目の夜。
また音がした。
ガサガサ、ガサガサ……。
こんどははっきりと目が覚めた。時刻は午前二時過ぎ。
昨夜と同じ、背丈のある雑草を掻き分けながらなにかが移動する音。
(野生の動物なのか)
その音は建物の外から聞こえ、移動するなにかは明らかにこちらに向かっている。
しかし、ここは三階である。
つまり、そこに発生するはずのない音。聞こえるはずのない音だ。
やばい。
Fさんは飛び起きようとした。
しかし、身体はぴくりとも動かない。
次の瞬間、ホテルの外壁をすり抜けて黒い物体が部屋に入ってきた。
真っ黒く、周囲とは異なる密度の闇で型押しされた……。

（人間なのか……？）


腰を落とし、身を屈めた姿勢で、周囲を窺《うかが》うように慎重に歩いている。

ロビーのポスターに描かれていた足軽のようなシルエット。

こちらに近づいてくる速度がゆっくりなだけに恐怖が増す。

身動きできないFさんは、それを目で追うしかなかった。

真っ黒い足軽はFさんには目もくれずに前進し、ベッドの上のFさんの身体をすり抜けると、そのままドアの向こうの廊下へ消えた。

同時に身体のこわばりが解けた。

「うわーっ」

のどの奥に留まっていた絶叫が部屋に響いた。


その後、Fさんは部屋中の灯りという灯りを点け、まんじりともせずに朝まで過ごした。

部屋には、雑草を引き抜いたときのような青臭い草の匂いと、湿った土の饐《す》えた匂いが朝まで漂っていたという。

猫の森

Hさんの実家は山の裾にあり、すぐ裏には雑木林が広がっていた。

子どもの頃はそこで薪を拾ったり野草やキノコを採ったりしたという。

男の子にとっては格好の遊び場であり、毎日近所の友だちと駆け回って遊んだそうだ。

家族は祖父母と両親と妹を加えて六人。

サル除《よ》けのための雑種の犬一匹と、猫を何匹か飼っていた。何匹かというのは、猫は家と山を自由に行き来していて、知らない猫が混じっていたり、いつの間にかいなくなったりしたからだ。

——猫に「あんたは二年しか飼わないよ」というと、二年経つと本当にいつの間にかいなくなる。

Hさんのお祖母さんはよくそういっていたそうだ。

昔の人間と動物の関係性の一端を表したような言葉だが、お祖母さんの経験上、たまたま約束の時期に姿を見せなくなった猫も何匹かいたのだろう。けれども実際にはもっと早く姿を見せなくなった猫もいれば、期間を過ぎても家にいた猫もいたはずだ。

お祖母さん自身そのことに拘《こだわ》っているようすはなく、猫は人間の言葉がわかる、そしてどこか神秘的なところがある生き物だ、ということをいいたかっただけかもしれない。

しかし子どもだったHさんは、その言葉を聞くたびにどうしてそんな可哀そうなことをいうのだろう、いつまでいてもいいじゃないかと思った。

「猫は自分の死ぬところを人に見せない、人は猫の亡骸《なきがら》を目にすることはない」ということも大人たちのあいだでまことしやかに語られていたが、Hさんは山間に暮らす猫ならば山の奥で死ぬのだろうと思っていたという。


雑木林の少し奥に入ったところに、Hさんたちがテーブル岩と呼ぶ岩があった。

元々自然にあったもので、一辺が一メートルほどの立方体の岩である。Hさんたちはそこから飛び下りて遊んだり、おやつを食べるときのテーブル代わりにしたりしていたという。

テーブル岩の上面の真ん中辺りに、直径二十センチ深さ五センチくらいの、ちょうど小振りの洗面器を埋め込んだような窪《くぼ》みがあった。

雨の後にはそこに雨水が溜まり、はがきの大きさほどもある黒い蝶がよく水を飲みにきていた。

ある日の夕方。

Hさんが家の裏庭を見ると、一匹の大きな猫がちょこんと座ってこちらを見ていた。

「トラか」

それは、Hさんの家に出入りしている中でもっとも老齢の茶トラの猫だった。

両親が「トラももう長くないだろう」といっていた。

トラはHさんに見つけてもらうのを待っていたかのように、すっと立ち上がると雑木林のほうを向いた。

そして「ついてきて」というふうに顔だけで振り向くと、しっぽを立てて歩き始めたという。

Hさんは庭に下りてサンダルをつっかけると、トラのあとをついて行った。

トラは雑木林の中を進むと、テーブル岩にひょいと飛び乗った。

背中を丸くして真ん中の窪みに顔を近づけている。

(水が飲みたいのか。でも、晴れた日が続いているから雨水は溜まってないのでは)

そんなことを思いながら見ていると、トラはさらに頭を窪みの中に深く入れた。やはり水はないのだろう。

ってい た。

「えっ？」

次の瞬間、五センチほどの深さしかない窪みに、トラの頭は肩の辺りまですっぽりと入っていた。

窪みの縁に前足をかけて深い穴を覗き込んでいるように見える。

そしてそのままお尻を上げてくるりとでんぐり返りをしたかと思うと、まるで前転をしながら穴に落ちるようにしてテーブル岩の窪みの中に消えてしまったのだった。

「トラっ」

Hさんはあわてて駆け寄り、窪みの中を覗いた。

そこには葉っぱが一枚あるだけだったという。

ドアの前で待つもの

ある年の五月。

新入社員として春から働きだし、マンションでの一人暮らしにもようやく慣れ始めた頃、A子さんのもとに母親から電話が入った。

実家で飼っている猫のクロが死んだという報せであった。

名前の通り真っ黒な美しい猫だった。

保護猫を譲り受けて飼い始めたのはA子さんが小学生の頃だったから、かれこれ十五年あまり経つ。

家猫の平均的な寿命を考えるとそれなりの覚悟も必要な年齢ではあったが、まるでA子さんの自立を見届けるようなタイミングで旅立ったクロに、両親は涙したという。

それから数日後、A子さんのマンションの部屋で不思議なことが起こり始めた。

夜、帰宅してドアを開けると、その瞬間、目に見えないなにかがA子さんの足元をすり抜けて玄関にすっと入る気配がするのだ。

まるでA子さんの帰りを玄関ドアの前で待っているかのようでもあった。

（この感じ……）

A子さんは、実家にいた頃のことを思い出した。

クロは、A子さんが自分の部屋に入るのを廊下で待っていて、いつもすっと一緒に入るのだった。

その夜も、ドアを開けると気配は一緒に入ってきた。

「クロなの？　会いに来たの？」

母から電話を受けた夜、幽霊でもいいからもう一度会いたい、と泣いたA子さんである。

怖い話は苦手とはいえ、相手がクロなら話は別だった。

玄関を入ると靴を脱ぎ、手探りでスイッチを探して部屋の灯りを点ける。

蛍光灯が点灯するまでのほんの数秒間、足元の薄闇の中に、気配でしかなかったなにかが、ラグビー・ボールのような黒い塊となって視界の隅に現れる。

黒い塊は、A子さんの脛《すね》やふくらはぎを撫でるように動いた。

柔らかい毛の感触があった。

（やっぱりクロだ）

A子さんはそう確信したという。

クロの来訪は二日連続することも三日四日空くこともあった。

共通するのは、その姿をしっかり見ようと足元を凝視するとその瞬間に姿が消えてしまうことだった。

ある夜のこと。

足元にクロの気配を感じながらパンプスを脱ごうとしたとき、バランスを崩してよろけてしまった。

片足で二、三度ケンケンするうち、クロに足が当たった。

足の甲で蹴り上げられた形になったクロが、足元でくるりと上下反転するのが見えた。

クロのお腹が真上を向く……はずだった。

薄闇の足元にあったのは、知らない女の顔だった。

のっぺりとした青白い顔が、足元からA子さんを見上げている。

目が合った。

あっ、と思った瞬間、その細くつり上がった目が微かに笑った。

A子さんは悲鳴をあげて後ずさると、尻もちをついた。

同時に女の顔は消えてしまったという。


A子さんは翌日、マンションを引っ越す準備を始めた。

その後、新しく移ったマンションに女の頭が現れたことはないという。

「女の人の頭が、私の脛やふくらはぎに触れていた感触をときどき思い出すんです」

そういうと、A子さんは二の腕を擦りながら小さく震えた。

カラス

ある朝のこと。

ＯＬのＭさんが車で通勤しているときにこんなことがあった。

毎日、高速道路のインターチェンジへと至る交差点を通る。

Ｍさんは高速道路には乗らずにそこを直進するのだが、その日は赤信号に引っかかり、インターチェンジから降りてくる車の流れを見るともなしに見ていた。

すると交差点を渡った向こう側、左前方の道路と側溝のあいだに、黒いなにかがあるのが見えた。

その位置には、大型車の内輪差を考慮した広い安全地帯が設けられている。

白い斜線の上にいるものが生き物だということはなんとなくわかった。

色と大きさからすると猫かカラスだろう。

田舎町のことだから、そのどちらだとしても珍しいことではない。

ところが、なにかようすがおかしい。

それ自体は微かに動いているのだが、移動をしていない。

かといってそこは動物が寛《くつろ》ぐような場所でもない。

(もしかしたら動けないのでは)

そう思ったとき信号が青に変わり、前の車がゆっくりと進み始めた。

Mさんも黒いものを視界に捉えたまま車を発進させた。

やはりカラスであった。

最初、カラスが水浴びをしているように見えた。

しかし、好天が続いていたからそこに水溜まりがあるとは思えない。

交差点を渡りきり、カラスの真横に差し掛かったとき、Mさんは息を呑んだ。

おそらくトラックのような大きな車に轢《ひ》かれたのであろう。

カラスの右側の翼と下半身が、黒い果物をローラーで均したようにべったりと潰れていたのである。

水浴びをしている体勢に見えたのは、潰れた下半身が水中に沈み込んでいるように錯覚をしたためであった。

乾いた体液と血液が、身体をアスファルトに貼り付けてしまっているようだった。

カラスは上半身をまっすぐに立てていて、胸から上だけが道路から生えているようにも見える。

　そしてわずかに動く左羽を上下に動かしながら、横を通り過ぎる車を見ている。

　元々赤い色をしているものなのか、それとも血なのか。真っ黒なカラスにあって嘴《くちばし》の中だけが怖いくらいに真っ赤だった。

　懸命に鳴いているようにも見えるが、車内までは聞こえない。

　カラスと目が合った、ような気がした。

「助けて」

　といっているのかもしれない。

　Mさんは思わずカラスから目を逸らした。

（だって……。うしろには車が続いている。私が急に止まったらうしろから追突されるかもしれない。

　それに………。

　あのカラスは絶対に助からない。

　生きているのが不思議なくらいだもの。

　きっと誰も助けないと思う。

　拾い上げても絶対に助からないもの。それにカラスだもの。

犬や猫ならどうだろう。犬や猫なら死ぬとわかっていても助ける人がいるかもしれない。でも、あれはカラス。

ごめんなさい。私に助けを求めないで。無理。無理。無理)

どうせ助からないなら、せめて早く楽になって、と。

Mさんは思わずそう口に出していた。

「死んで。お願いだから早く死んで」

その日は仕事をしていてもカラスのことが頭から離れなかった。

もう死んだだろうか。

役所に連絡が入ってゴミとして回収されただろうか。それとも、死体はそのまま放っておかれているのだろうか。もしかしたら、まだ苦しんでいるだろうか。

仕事を終えたMさんは今夜だけでも別の道を通って帰ろうかと考えたが、その道を通らないとなるとかなりの遠回りを強いられる。疲れていたから早く帰りたい。だから思い切っていつもの道を帰ることにしたという。

カラスのいた場所は絶対に見ないと決意して帰ったのだが、その場に来ると引き寄せられるように視線が動いた。

道路脇の外灯が件《くだん》の安全地帯を明るく照らしている。

果たしてそこにカラスの姿はなかった。

(やっぱり死んだのね)

路上ゴミとして役所か道路整備の人が処分したのだろうと思った。


それから二、三日が経った頃からだった。

朝、問題の交差点を通り過ぎ、しばらくすると、車の屋根からおかしな音がするようになった。古い軽自動車だから元々あちこちから軋むような音がしていたが、これまでにはない異音だった。それに音もかなり大きい。

最初は、上から落ちてきたなにかが当たったのかと思ったが、それならば音は一度きりのはずである。ましてや毎朝ということなどあり得ない。

タタッ、タタッ、タタッ、タタッ……。

と、鞭《むち》のような細い棒で屋根を叩くような音だった。

屋根のことだから差し当たって走行に支障はないが、原因がわからない。

音は数分続くと、いつもいつの間にか収まった。

ある日、Mさんがテレビを見ていると、ニュース映像の中にカラスが映った。都会のカラスがゴミ収集場を荒らすという内容だった。

「あっ」

カラスの跳ねるような歩き方を見て、車の屋根の音はこれだと思った。

大きなカラスならば重量もある。屋根を歩き回って鋭い爪が当たると、あんな音がするに違いない。

Mさんは、車の屋根の異音はきっとあのときのカラスの仕業だと思った。

音がしだしたタイミングとも重なる。

カラスも幽霊になるのだろうか。

そうだとすれば、助けることができなかった私を恨んでいるのか。

Mさんは、朝、会社の駐車場に着くと、あらかじめビニール袋に入れて持ってきたトーストの欠片やクッキーなどを、ひとつ二つ車の屋根に置くようにした。

それでどうなるものでもないだろうが、自分の気休め。強いていえば死んだカラスへのお供《そな》えのつもりだった。

それらは、帰りには必ずなくなっていた。

風で飛ばされるのかもしれないし、別の鳥が持っていくのかもしれない。

けれども、いつしかそれが習慣になった。

朝、通勤のときにカラスが車の屋根の上を歩く音も続いていたという。


通勤に使っている軽自動車の車検の時期が近づいた。

知り合いが営む中古車販売店で見積もりを出してもらうと、あちこちにガタがきていて交換しなければならない部品がいくつもあるとのこと。

心づもりをしていた金額よりも十万円以上高くなった。

そこで思い切って車を乗り換えることにした。これで不可思議な音から解放されるだろうという安堵もあった。

手ごろな軽の中古車はないかと訊ねると、タイミング良く、走行距離も少なく装備も良い出物があるとのこと。

なんでも車体と内装のカラーが特別な限定仕様車だという。

知り合いだということで、できるだけ値引きもするとのこと。

Mさんはさっそく現物を見に行った。

紹介されたのは、真っ黒な車体と、真っ赤な内装のコントラストが印象的な軽自動車だったという。

ジンクス

男性会社員Aさんが、その会社に勤め始めて五年ほど経った頃の話だという。

毎日自動車通勤をしており、市道から国道に出て会社までは四十分ほど掛かった。

夜の帰宅時間はまちまちだが、朝はほぼ同じ時間に家を出る。

長く通っていると、毎朝だいたい同じところですれ違う車が何台かあった。

すれ違う場所がいつもと違う日は、双方どちらかの家を出る時間が何分か遅かったということだ。

名前も知らない者同士だが、相手もおそらく同じように思っているだろう。この車とここですれ違えば遅刻の心配はない、あるいはちょっと遅い、というふうにおおよその時間の目安にもなった。

ある年の夏のこと。

朝、奇妙な車とすれ違った。

毎朝すれ違う何台かは別にして、国道を走る対向車をいちいち憶えていることはあり得ない。いうなればそれだけその車が印象に残ったということでもあった。

大きなサイズの高級セダンなのだが、車体もバンパーもフロントグリルも艶消しといわれる黒で塗装されていた。さらには、フロントガラスもヘッドライトも濃いスモーク処理が施されていて、真っ黒としか表現できない。

左右のウィンドウガラスにも濃い色のフィルムが貼られていて、さらにはナンバープレートも濃い色のスモークカバーが付けられている。

もしそれが暴走族の改造車であれば、車高が下げられていて、交換されたマフラーからはけたたましい排気音が鳴り響いているはずだが、そういうわけでもなく外観のみが執拗に黒一色に仕上げられている。

実物大のモデルカーのような不自然さを感じた。

赤の他人の趣味や拘りに口を出すつもりはないが、フロントガラスまでもが真っ黒では道路交通法に抵触するはずである。すれ違いながら、そんなことを思ったという。

その日、取引先とのあいだで思わぬ行き違いが生じ、責任を押し付けられたAさんは散々な目に遭った。

二、三日して、また例の黒いセダンとすれ違った。
「あっ、あの車」

そう思ったが、すれ違ってもなんら不思議ではないし、そういうこともあるだろう。ただ、車の異様な黒さだけは再び印象に残ったという。

その日、Aさんは隣の部署の係長に呼び出され、理不尽な叱責を受けた。

三度目に黒いセダンとすれ違った日、Aさんは商品の梱包を解こうとして、カッターで指を深く切った。

Aさんは密かに黒いセダンとその運転手、その存在を「疫病神《やくびょうがみ》」と呼んだ。

『朝、疫病神とすれ違った日は碌《ろく》なことがない』

厭なジンクスが成立しつつあった。

それからも数日おきに疫病神とすれ違った。

その日は決まってなんらかのトラブルが発生したという。

「ひとつひとつは、起きても不思議ではないトラブルや小さな事故なんですが、それが次々と一時に重なると、精神へのダメージが大きいものですね」

そんなふうに気持ちが沈んでいるとき、突然社員の配置換えの発表があった。

Aさんは、パワハラで悪名高い係長の下につくことになった。以前に理不尽な叱責を受けた人物である。直属となったことでAさんに対するパワハラは酷くなる一方だった。

Aさんは日に日に疲弊していった。

(このままではやばい)

自分でもそう感じ始めていたという。

疫病神とはほぼ一日おきにすれ違うようになっていた。

Aさんはやることなすことすべてが裏目に出てしまい、頑張れば頑張るほど空回りして失敗を重ねてしまう。上司や同僚の視線も容赦がなくなってきた。

黒いセダンに責任はないのだろうが、憎らしくなる。

いつしか疫病神という密かな呼び名は「死神」に変わった。


ある朝、対向車線の先に死神が現れた。

(ああ、今日も死神に会ってしまった)

近づいてくる死神を見ているうちに、いまの辛い現状を一瞬で解決する方法が閃《ひらめ》いた。

なぜいままで気づかなかったのだろう、と晴れ晴れした気持ちになる。

「走ってくる死神に向かってハンドルを切ろうとしていたんです」

直前でふと我に返ったAさんの全身から、脂汗が噴き出したという。

それまで、すれ違ったあとに死神が離れていくところをバックミラーやサイドミラーで見たことは一度もなかったが、そのとき初めてサイドミラーを覗いたという。

死神のうしろ側も予想通り艶消しの黒で塗装されていた。リアウインドウも案の定黒いフィルムが貼られている。

異様なのは、リアバンパーのさらに下だった。

バンパーの中心から三メートルほどの紐のようなものが何本も伸びていて、その先にそれぞれ黒い棒が結ばれている。黒い棒は三十センチほどだろうか。

例えていうならば、洋画で見る結婚式のあとに、車のうしろに空き缶をいくつも紐で括りつけてガラガラと引きずりながらハネムーンに出かけるシーン。その空き缶の代わりに黒い棒が結ばれている状況だ。

次の瞬間、Aさんは息を呑んだ。

棒のように見えていたのは、三十センチほどの身長の人間であった。

小さな人間は、十五、六体。全身が黒く性別はわからない。

腰の辺りをそれぞれ紐で縛られている。

必死で走ってついて行く者もいるが、すぐに転んでしまうようだ。もがいて立ち上がったところですぐにまた倒れる。多くは団子状態で無残に引きずられていたという。

「あのまま会社にいて毎朝死神と会い続けていたら、いつか私もあの中の一人になっていたかもしれません」

Aさんは会社を辞め、別の仕事に就いた。

新しい職場は元の会社とは反対方向にあり、通勤に使う道も違う。

転職後は、一度も死神とすれ違ったことはないという。

飛蚊症

Hさんは五十代の女性。

ある日、車を運転していると、前方にある電柱の先端辺りに黒い点が現れた。

黒い点は、電柱の太さに比較するとドッヂボールほどの大きさだろうか。

電柱の先端や電線から少し離れた空中に浮かんでいる。静止しているから鳥の類ではない。

（あれはなんだろう）

そう思って見ていると、黒い点は突然浮力を失ったようにまっすぐに落下した。

ぱっと手を離して物をわざと落としたときのような動きだったという。

黒い点は地面に衝突すると、黒い粉を散らしたように消えてなくなった。

不可思議な現象を目の当たりにしたHさんは、もしかしたら自身の飛蚊症が酷くなったのかと思った。

飛蚊症とは主に加齢が原因で視界に黒い点が入り込む症状である。黒い点は視線に合わせて細かく動くから、文字通り蚊が飛んでいるように見える。

日常生活に支障はないため歳のせいだと諦めていたのだが。

時間にすればたった数秒の、すぐに忘れてしまうような些細な出来事だったが、よく憶えているのには理由があるのだという。

その日の夜、ご主人の郷里に住む親戚から電話があったからである。

伯母が脳出血で急逝したとの報せであった。


それから何か月か経った頃、Hさんは再び空中に浮かんだ黒い点を見た。

歩道を歩いているときだったという。

黒い点は前回よりも近く、電柱の半分くらいの高さにあった。

遠近感の関係か、前回よりも大きく見える。黒い点というよりも黒い球体という印象だったという。やはりドッヂボールほどの大きさである。

(あっ、まただ)

空中に静止した黒い球体は、まるでHさんがその存在に気づき、視点を結ぶのを待っていたかのようなタイミングで、落下した。

黒い球は地面に衝突すると、粉々になりふわりと放射状に広がりながら消えた。

その日、長く闘病を続けていたHさんの年上の知人が亡くなった。

「三回目があったら偶然ではない、のでしょうね」

Hさんはそういった。

三回目にはまだ遭遇していないとのことである。

課長の机

平社員は主任を目指し、主任は係長を目指す。係長は課長を、そして課長は部長の席を目標にする。一定数以上の社員が在籍する会社ならば、おおよそ同じようなものであろう。

Hさんが以前勤めていた営業所では、少々特殊かつ複雑な状況があったという。

当時、係長だったHさんは、平社員の厳しさや気楽さも中間管理職の辛さも身に染みて知っていたが、課長になりたいかと問われれば心中複雑であった。

当時の課長は一日も早く部長になるべく、脇目も振らず業務に邁進していたが、それには出世欲とは異なる事情があった。

Hさんのいた営業所は、他の営業所や取引先から、

『課長が死ぬ営業所』

と呼ばれていたのである。

課長になった社員は、たいてい一、二年のあいだに急逝した。そのほとんどが五十代前半である。

無事に課長職を勤めあげ定年した者も、昇進、栄転した者もいるが、歴代課長のおおよそ半数がその役職中に死亡した。

途中入社のHさんが知るだけでも立て続けに四人が亡くなったという。

ある人は脳出血で、後任のある人は就任早々に癌が見つかり、たった半年ほどで帰らぬ人となった。

健康に留意し自制的な生活を送っていた人は、通勤中に交通事故に遭い亡くなった。

ある朝突然亡くなった人は心不全ということだったが、どうやら自死だったとも聞く。

そろそろだと感じた係長たちは、ある意味あからさまではあったが、勤務地の異動や出向の希望を申し出るのだった。


ある年の春、Hさんに課長昇格の辞令が下りた。

不安はあったが、なるようになれという気持ちもあった。

課長が死ぬ営業所なんて迷信であり、単なる偶然だと思い込んだ。

課長の机を引き継ぎ、自分の資料や備品を移し替えていたときのこと。

引き出しの最下段いちばん深い引き出しを開けたとたん、言いようのない饐えた匂いが立ち上った。

顔を背けながら中を見ると、引き出しの内側は灰色のスチールのはずなのに、深い闇が沈んでいる。

やがてその闇の奥から、亡くなった歴代課長の顔がぎゅうぎゅう詰めの状態で、ぬうっと現れた。

「うわっ」

Hさんは声をあげてうしろに飛び退いた。

しかし、おそるおそる視線を戻したときには、それらの顔は消えていたという。

Hさんに初期の胃癌が見つかったのは、課長になって半年足らずのときだった。

幸い、入院手術を経て快癒したが、会社には戻らなかったという。

三本脚の脚立

地方のスーパーマーケットに長くパート従業員として働いていたA子さんは、いまから三十年ほど前、いわゆるバブル時代にこんな体験をしたという。

当時、異常ともいえる好景気に浮足立った経営陣は、競合店と先を争うようにして店舗数を増やし、本業とは異なる分野にも手を伸ばすようになった。

当初はすべてが右肩上がりだったが、やがて狂乱の好景気にも終焉のときが訪れた。いわゆるバブルが弾けたとたん思わぬしわ寄せをくらったのが、現場で地道に頑張ってきた従業員であった。

元々地元客を相手に単価の低い日用雑貨や食料品をメインに販売する小さな商売である。景気の縮小とともに売り上げも落ちていたにもかかわらず、本部の負った損失を既存店舗の売り上げで補填すべく迫られたのだった。

同時に極端なリストラも始まった。

従業員の、特に家庭を支える中年男性にとっては、去るも地獄、残るも地獄の状況にあったという。

そんなある日の深夜、空調機械室で店長が首を吊った。

天井を這うパイプに売り物の洗濯ロープが掛けられていたという。

足台にするために事務所にあった低いアルミ製の脚立を持ち込んだようだ。

よほどの勢いで脚立を蹴ったのだろう。後方に転がった脚立は、脚の一本が一段目の踏み板の辺りでへし折れていたという。

五十代前半。優しく穏やかな人柄で、部下からの人望も厚い人物だった。

長男は独立して所帯を持っていたが、家には奥さんとまだ学生の娘がいたと聞く。

事務室の机には、従業員に向けた、ただひたすら自身の不甲斐なさを詫びる遺書が残されていた。

「店長が死ぬ必要はないのに」

彼を支えられなかったことを、A子さんたち従業員は悔やみ悲しんだという。

それから半月ほど経った頃。

閉店後、明かりの落ちたフロアで遅番の従業員がレジの精算作業をしていると、無人であるはずの空調管理室から、ガシャン、となにかを放り投げるような大きな音が聞こえるようになった。

日頃そうしたことに関心がない者でも、心当たりがあるだけに震えあがった。

誰もが遅番勤務を嫌がるようになった。

「薄暗いフロアを、店長が脚立を抱えて歩いていた」

やがて何人もの従業員が口を揃えるようになった。

息を呑んで固まっていたら、こちらを向いてゆっくりと頭を下げたという。


何年か経ち、異動で社員がすっかり入れ替わると、A子さんたち古参のパート従業員以外に当時のことを知る者もいなくなり、いつしかそうした話も耳にしなくなった。

ただその店では、新しい脚立が何度支給されても、すぐに脚が一本折れてしまうようになったそうだ。

共同アンテナ

昭和四十年代の終わり頃、Mさんが中学生だったときのこと。

当時、彼女が住むエリアで見られるテレビのチャンネルは、公共放送と民放あわせて五局だけだった。加えて家の背後に迫った山が電波の障害物となり、一般的なアンテナを屋根にあげても綺麗には映らない環境だったという。

そこで自治会の住人が資金を出し合って、村から二十分ほど山を登った尾根の開けた場所にテレビ用の共同アンテナを立てた。

そこから村までケーブルを引き、信号を各戸に分配することで、良い画質で番組を見ることができる。

アンテナは通常の雨風にはびくともしない支柱に設置されていたが、強風などに見舞われるとごくまれにアンテナの角度がずれることがあったという。そんなときは村の男性が二、三人で尾根まで直しに行くことになっていた。

ある日の夜中、テスト勉強をしていてトイレに立ったMさんは、なんとなく居間にあるテレビを点けた。

真夜中はたいていカラーバーと呼ばれる静止画か、砂嵐のような白黒のノイズしか映らないのだが、週末には深夜まで放送していることがあったのだ。

「でも、なにかお目当ての番組があったわけではなくて。不思議なんですけど、気がついたらテレビのスイッチを入れていたんです」

すると、カラーバーでも砂嵐でもない画像が現れた。

歪んだ横線が不規則に揺れているだけだと思ったが、不鮮明ながらどこかの山の上から麓の町を映した景色だということがわかった。これといって特徴もない平凡な田舎の山間の風景が、紐で吊るしたカメラで撮ったようにゆっくりと左右に揺れている。

(アンテナの調子が悪いのかしら)

Mさんは明日の朝いちばんにお父さんに報告しようと思いながら、テレビを消して寝室に戻った。

翌朝、テレビはいつも通り正常に映っていた。

しかし、Mさんに昨晩のようすを聞いたお父さんは、念のためとにと村の男性と二人で尾根のアンテナを見に行ったのだそうだ。

が、しばらくすると、二人は血相を変えて村まで駆け下りてきた。

共同アンテナの支柱に縄をかけて男性が首を吊っていたのである。

Mさんは昨夜見たテレビの画像を思い出していた。

粗く、歪んではいたが……。

共同アンテナのある尾根からこの町を見下ろした景色のように思える。

(あれは、首を吊った男性自身が見ていた景色だったのでは)

そう気づいた瞬間、全身が粟立ったという。

あとでわかったことだが、共同アンテナで首を吊っていたのは、村とは縁もゆかりもない都会の若者だったそうである。

カミナリ

五十代の男性Sさんは、これまでに二度、カミナリを落とされたことがある。

先生や両親から厳しい叱責を受けたという意味ではなく、文字通り雷のような大声で怒鳴られたのだという。

「でもそれが誰なのか、わからないんです」

声の雰囲気から老齢の男性だとは想像できるのだが、姿を見たことがない。


一度目は、まだ小学校に入学する前だった。

ある日のこと、一人で遊んでいたSさんは、庭先に駐めてあった母親の自転車にふと目を留めた。

「きっと退屈だったのだと思います」

ベルを鳴らしたりハンドルを握ったりしているうちに、うしろの車輪がカラカラと回ることに気づいた。当時は、前輪にのみ簡素な鍵を付けた自転車が多かったからだ。

Sさんは自転車の横にしゃがむと、ペダルを手でつかんで後輪を回してみた。

腕に力を入れてペダルをぐっと回す。

最初は重いけれど、勢いがついてくると弾み車のようにどこまでも加速していくのが楽しかった。

回る車輪をじっと見ていたSさんは目を丸くした。

「うわっ、すごい」

車輪の中心から放射状に伸びる何本ものスポークが、回転のスピードが増すとともに消えてしまったのである。

それは、母親のうしろに乗せてもらっているときにはできない発見だった。

銀色の固い鉄の棒が消えると、まるで空気の膜みたいになる。すると車輪の向こう側がくっきりと見える。

「まだ幼かったから物理的な常識がよくわかっていなかったんだと思います」

好奇心が強かったSさんは、スポークが消えるとどうなるのか確かめてみたくなった。

先にペダルを限界まで速く回して、スポークが消えてなくなったところで、向こう側まで人差し指を通してみようと思ったのだ。

幼いSさんの脳裏には、涼しい風の膜を抜けて指が進み、手の甲が抜け、やがて肘の辺りまで向こう側に出るイメージが浮かんでいた。

ブーンッと唸りをあげて後輪が回っている。

Sさんが人差し指を伸ばし、消えたスポークの部分に指を差し入れようとした瞬間だった。

「こらぁっ！」

途轍《とてつ》もなく大きな声がすぐ近くで炸裂した。

まるで耳元でお寺の鐘を鳴らされたような衝撃。

Sさんは一瞬、脳震盪を起こしたようにふらりとし、そのままうしろに尻もちをついた。

あわてて立ち上がると、そのまま家に逃げ帰ったという。


二度目はそれから三十数年後。

Sさんは、そろそろマイホームをと考え始めていた。

とはいえ、薄給の身では有名なハウス・メーカーの新築を買うことはできない。郊外の安価な中古物件を探すことにした。

不動産屋のパンフレットを見ていて目に留まったのは、部屋数も手ごろな築三十年の一軒家だった。

ある週末、Sさんは不動産屋とともに内見に行った。

できれば妻と小学生の子どもも一緒にと思ったが、その日は二人とも所用があり、まずはじっくりと一人で見てくることにしたのだった。

その家は、古い分譲住宅地の一画にあった。

外観も内装も典型的な昭和時代の二階建て建売住宅といった雰囲気である。

部分的に経年劣化が著しい箇所もあるが、修繕すれば問題なさそうだ。

Sさん自身、日曜大工のような作業が好きなこともあり、ここはこういうふうに直して、というふうにリフォームのイメージも膨らんだという。

ひと通り見てまわり、二階のいちばん奥の部屋を残すだけとなった。

部屋の雰囲気によっては自分の書斎にしてもいいし、子ども部屋にしてあげてもいい。

廊下を進み、部屋のドアに手を掛けた。

その瞬間だった。

「この家はあかんっ!」

家中が震えるような大きな声がした。

耳のすぐそばで車が正面衝突したような衝撃に身体がよろけ、Sさんは両耳を手で塞いで廊下に倒れ込んでしまった。

「大丈夫ですかっ」

不動産屋があわてて駆け寄る。

うめき声をあげたSさんが応えられずにいると、

「一体どうしたんですか。具合でも悪いんですか」

と顔を覗き込んだ。

こんどはSさんが驚く番だった。

(彼にはあの声が聞こえなかったのか)

「……いま、誰かが耳元で叫んだんだ」

そうなんとか応えた。

不動産屋は「救急車を呼びましょうか」といった。


Sさんは、その瞬間まで意志が固まりかけていたその家の購入を見送ることにした。

「子どものときに聞いたあの声と同じだったんです」

しかし、それが誰なのかはいまでもわからないという。

父親

会社員のFさんは三十代の半ばに結婚をし、間もなく娘を授かった。

愛娘をY美と名付けた。

一人娘のY美さんは、小中高と地元の学校に通いその後専門学校に進んだ。

専門学校は自宅から電車で一時間あまり。毎日自宅から通っていたという。

ある男性アイドルグループの大ファンで、コンサートには欠かさず出かけ、CDやビデオ、グッズの収集にも余念がなかったそうだ。

そうした趣味のために、地元のファミレスでアルバイトも頑張っていた。

「いつ勉強してるんだ」

Fさんがいうと「ちゃんと授業は受けているから」と笑っていたという。

若い女の子が夜遅くまでアルバイトをするのは心配だった。

しかし同世代の友だちもそれぞれなんらかのバイトをしていると聞くし、そうした社会経験も大切なのだろう。

オーナーは良い人だし仲間も多いからお父さんが考えるほど危険ではない、というY美さんの言葉を信用するしかなかった。

ある日のこと。

「もういまのスマホ使えないんだけど……」

珍しくY美さんのほうから話しかけてきたと思えばやはりそんなことだった。

故障したのではなく、古くなったから新しいアプリが思うように使えないのだという。

「就職したらいくらでも自分で好きなのを買いなさい」

甘いのは承知の上だが、いまは通信料金も親が支払っている。専門学校の授業料も馬鹿にならないんだぞという思いを呑み込んでそう答えた。

このところ自身の仕事のことで苛立っていたこともあったが、すぐに他に言い方があったのではないかと後悔した。

Y美さんは唇を尖らせていたが、それ以上いってくることはなかった。

どうやら、新しいスマホも自分で買うと決心したようだった。

Fさんは仕事柄朝が早くまだ薄暗い時間に家を出ることもある。したがって就寝時間も早く毎日午後九時過ぎには床に入る。

気がつけば何日もY美さんと顔を合わせていないということもあったが、Y美さんが家から通っているというのは親としては安心だったという。

しかしそんな平穏な日々が一瞬にして打ち砕かれることになる。

「Y美、亡くなったんです」

バイト帰りに交通事故に遭ったのだという。

Fさんは事故の詳細を口にするのは辛いので勘弁してほしいと詫びたあと、そのとき一緒に歩いていた友人は脚の骨を折る重傷でした、とだけいった。

「Y美とスマホの話をしてすぐのことでした」

Fさんは Y美さんの死を受け入れることができなかった。

亡くなってからの数か月は、ほとんど眠ることもできず、二十四時間一瞬たりともY美さんのことを考えないことはなかった。

スマホをすぐに買ってあげていればバイトの時間も早く終わったかもしれない。いや、きっとそれだけではない。自分の至らなさと不甲斐なさが巡り巡って娘を死に追いやったのだ、とひたすら自分を責め続けた。

なにをしても手につかず、こんなことではいけないと思いながらも、職場ではミスを繰り返した。おそらく体重は二十キロ近く減っていただろう。

本来ならば傷心の妻を支えなければならない立場だと頭ではわかっていても、その気力すら削ぎ取られていた。悪い夢の中に永遠に閉じ込められたような絶望感に、もうどうにでもなれという気持ちだった。

「でもね、わたしわかったんです。Y美と会えないのはただ生活のサイクルがずれているだけだと思えばいいのだと」

それが単なる現実逃避だということはわかっていた。

(けれどもそう思い込むのはわたしの勝手ではないか。誰に迷惑をかけるでもないわたしだけの現実ではないか)

Fさんは自分が死ぬその日まで、そう思い込もうとした。


「そのうちY美が本当に夜中に帰ってくるようになったんです」

最初にY美さんを見たのは、夜中にトイレに行ったときだった。

突然、廊下の先にある玄関に光が射し込んだ。

ポーチのセンサーライトが反応したのだ。こういうことはたまにある。いつものように野良猫かなにかが通ったのかと思っていると、ガチャガチャと鍵を開ける音がして、センサーライトが消えるタイミングでY美さんが玄関に入ってきたのだった。

明かり取りの窓から玄関に射し込むわずかな月明かりを背にして、Y美さんは影絵のように立っていた。

(ああそうか、やはりY美は死んでなんていなかった。俺はなんという思い違いをしていたんだ)

それから毎晩、Fさんは夜中に暗い廊下でY美さんの帰りを待つようになった。

帰ってくる日も来ない日もあった。

帰ってきた日は、玄関で靴を脱ぐとそのまま階段を上がり、亡くなってからもそのままにしてある自分の部屋に向かう。

ただし、そのときに廊下の灯りを点けるとY美さんが消えてしまうのは経験済みだった。

「Y美、おかえり」

一言Y美さんの声が聞きたくて、あとを追って暗い階段を上がる。

けれど部屋のドアを開けると、そこには誰もいない。

そんなことが続いた。

ある晩、Fさんは夜中に帰ってきたY美さんに、

「スマホ、本当に必要なら……」

と廊下から声をかけた。

いつもならそのまま階段を上がっていくY美さんがすっと立ち止まった。

少しでも引き留めておきたいFさんは、近づいてその腕をつかもうとした。

しかし、Fさんの手は冷えた空気を握り潰しただけだった。

その瞬間、ふっと腐葉土と動物臭の混ざったような厭な匂いがした。

Fさんは直感的にY美さんではないことを悟った。

「誰なんだ？」

Fさんがいうと、Y美さんだと思っていたその女は闇に溶けるように消えたという。

絶望と傷心が引き寄せた幻影だったのか、それともやけっぱちになった心に入り込んだなにかだったのか。

以来、なぜか深夜の（何者かの）帰宅はぴたりとなくなった。

その夜を境のようにして、Fさんは少しずつ日常を取り戻していった。

けれども、若い女性が出ているスマホのコマーシャルを見るたびに、いまでも涙が出るという。

母親

昭和五十年代の終わり頃、晩秋の出来事だという。

ある雨の降る夜、E子さんの住む山間の町で自動車事故が起きた。

現場は両側を田んぼに挟まれた県道で、道路に飛び出した野生動物を咄嗟に避けた軽自動車が電柱に衝突し、横転しながら田んぼに突っ込んだというものだった。

軽自動車には隣町に住む若い母親とまだ二歳くらいの女の子が乗っていた。

深夜でなかったことが幸いして後続の車によってすぐに通報されたが、残念ながら女の子は即死、母親は搬送先の病院で亡くなるという痛ましい事故だった。

E子さんは当時高校生で、学校までは自転車で通っていた。

しばらくのあいだ折れた電柱と田んぼはそのままだったそうだ。

巨大な爪で抉られ捲れ上がったような田んぼの黒い土が衝撃の強さを物語っていた。

両親から若いお母さんと女の子が亡くなったということは聞いていたが、それ以上のこととなると二人とも言葉を濁した。

軽々しく口にすることを憚られるほどの惨状だったのだろうと想像がつく。

E子さんは、現場に手向けられた花を見るたびに、心の中で手を合わせた。


ある日のこと。

部活を終えたE子さんが帰宅中、にわかに強い雨が降り出した。

朝テレビで見た予報にはなかった天候の急変だった。

雨雲のせいで一気に夜が早まった。

そういう日に限って雨合羽を自転車に積んでいない。

髪も服もずぶ濡れだったが、家に帰って着替えればいいと開き直った。

事故現場の横を通る。

修繕されたばかりの電柱の外灯の光が、雨にチラチラと瞬きながら田んぼに降りていた。

ふと見ると、暗い田んぼの中心辺りが不自然に盛り上がっている。事故のときに車が突っ込んだ位置からは少し離れた場所だ。

(なに?)

それは土ではなく、なにか黒い塊のようだった。

雨が目に入って視界が鮮明ではないものの、それがゆっくりと動いていることがわかった。

考えられるのは狸や狐の類ではなくもっと大きな動物だ。

サイズ的には鹿に近い。

車に跳ねられたニホンジカがのたうっているのか。

E子さんの住む地域では、集落まで下りてきた大型の野生動物が車に跳ねられることも珍しくはなかった。そうなれば車も大破は免れず、道路の脇には注意を喚起する標識が立てられている。

「可哀そうに」

しかしどうしてあげることもできない。

あのまま山に帰れずに死ぬかもしれない。役所に電話するべきだろうか。動物の息があるのとないのでは処理をする担当の課が違うと聞いたことがある。

そんなことを考えていると、黒い影が頭をぐいっと持ち上げた。

「えっ？」

E子さんは思わず自転車を停めた。

遠目にも動物の頭部でないことはすぐにわかった。

——人間だ。

うつ伏せになった人間が肘で胸から上を持ち上げている。

以前テレビかなにかで見た、地面に伏せたまま泥の中を進む軍隊の訓練のような動きだった。しかもその影は、下半身は動かさず腕の力だけで進んでいるように見える。

E子さんは、交通事故の調査か後始末に来ていた関係者が怪我か病気で倒れたのではないかと思った。

すぐに助けなければと思うものの、恐ろしくて近づけない。

田んぼを這う人影は、なおもずるずると身体を引きずるようにして移動している。

ところが。

次の瞬間、人影は数メートルずれた場所を移動していた。

そしてまた数メートル。瞬きをするたびに違う位置にいる。

方向はでたらめで、まっすぐ進んだかと思えば、こんどは数メートル戻った位置で反対方向を向いている。

早送りではなく、極端にコマを落とした映像を見ているようだった。

あれは生きた人間ではない。

この場から早く逃げなくては。

ペダルに力を込めようとしたとき、それまでは田んぼの真ん中辺りにいた人影が、ほんの数メートルしか離れていない場所に現れた。

若い女性だった。

濡れた髪の毛なのか、泥なのか、あるいは血なのか。

顔のほとんどを黒いなにかが覆い隠している。

服も真っ黒で元の色はわからない。

女は肘に力を込めて背中を反らし、顔を上げると、E子さんの目を見つめながら、

「あ、ああ、ああ」とうめくような声を出した。

片方の腕をこちらに向かって伸ばそうとしたのを見たとき、E子さんはついに悲鳴をあげて逃げだした。

必死で家に逃げ帰ると、すぐに母親にそのことを話した。

母親は驚いて、なにかされたのか、怪我はないのか、と訊いたが、E子さんが大丈夫だと答えると少し安心したようだった。

「可哀そうに。あのお母さんに違いないわ」

そういうと田んぼのある方向に手を合わせたという。

E子さんの母親がそのとき初めて、近所の人から聞いたという交通事故の詳しい状況を話してくれた。

事故を起こした軽自動車の助手席に乗っていた女の子は、電柱に激突した衝撃でフロントガラスを突き破って外に飛び出してしまっていたそうだ。

チャイルドシートがまだ一般的ではない時代で、それどころか当時はまだシートベルトすらしない人も少なくなかった。田舎ほどその傾向は顕著だったのかもしれない。

若いお母さんは、頭が割れ、腰の骨が砕けていたが、そんな状態でも田んぼの中を這いながら必死で娘を探し続けていた。

救急隊に発見されたときには、ほとんど意識がなかったそうだ。

あとはE子さんの知る通り、結果的に二人とも亡くなってしまった。

E子さんが娘を探すお母さんの姿を見たのはその一度きりだそうだ。

現在その田んぼを含む周辺は、整地をされて何軒かの飲食店や事務所が建っているという。

近道

五十代の男性Aさんが中学生のときだというから、昭和五十年代半ばの話になる。

ある秋の日の朝、自転車で学校に向かっていると、いつも近道にしている山道の入り口に何人かの大人が立っていた。地元の消防団の制服を着た人もいる。

朝からなにをしているのだろう思いながら近づくと、通行止めの看板と虎ロープでその先が封鎖されているのが見えた。

その山道は、通学のときに、山裾をぐるりと迂回する市道よりもわずかだが近道ができた。百メートルほど上がったところにある脇道を下ると、山の外周に沿った市道に出られる。未舗装で車の対向も難しい林道といった雰囲気の道だが、朝一分でも長く寝ていたいAさんにとっては便利な道だったという。

(今朝は通れないのか)

だとすれば、市道まで戻らなければならない。

なんだよ、と思うものの、山でなにか点検のような作業をしているのだろうと諦めて引き返したという。

それから四日ほど経った帰り道。

反対側の入り口に差し掛かると、昨日まであった通行止めの看板と柵が撤去されていた。もう通ってもいいということなのだろう。

時間は午後の五時を少し過ぎて薄暗くなっていたが、まだ自転車のライトを点けるほどではない。

Aさんはこれ幸いとペダルを踏む足に力を入れ、薄暗い山道に入った。

五十メートルほど進み山道の本道に出たとき、薄闇の先に人影が見えた。

道の脇に二人立っているようだ。横に並ぶ形でなぜか道の外側を向いている。その前には黒い大きな塊があった。

(車か)

二人は対向時の待避所に停めた車をじっと見つめている。

その車に他の誰かが乗っているのか、それとも乗っていた人が降りて脇に立っているのか、ならばなんのために外から見ているのか、わからない。

しかもこの道は普段、一般の車はほとんど通らない。

いいようのない不自然さがAさんを緊張させた。

このまま進むか市道まで引き返すかと一瞬悩んだが、気持ち悪いからといって逃げるのも癪だ。Aさんは平静を装いながらそのまま進むことにした。

二人は男女のようだった。

若いカップルというよりは中年を思わせるシルエット。

そのうしろを通り過ぎようとしたとき、Aさんの目は異様な物を捉えた。

二人が見つめていたのは真っ黒に焼け焦げた軽自動車だった。黒い塊は、薄暗い山道に濃い墨をこぼしたようにそこにあった。

Aさんはゆっくりと通り過ぎながら、二人の背中越しに軽自動車を見た。

窓ガラスは割れたのか燃えたのか、跡形もない。

車内のすべてが真っ黒だった。鉄でできた部分以外はすべて形をなくし、真っ黒いコールタールのように車体の骨格にまとわりついている。

座席からは、何本ものバネがあちこちに向かって飛び出ていた。

車を燃やすと最終的にこうなるのか。生まれて初めて見る異様な光景だった。

軽自動車の脇に立つ二人は終始無言のままだ。

(走っていたら車がトラブルを起こし燃え始めたのかもしれない。あわてて車外に逃げた

が、為す術もなく全焼するのを見ているしかなかったのか）
誰でも自分の車が燃えてしまったら、この二人のように言葉を失って立ち尽くすだろう。
Aさんは瞬時にそんなことを思ったという。
二人のうしろを十メートルほど通り過ぎたとき、自転車を停めて振り向いてみた。

二人の姿はなく、焼け焦げた軽自動車だけがそこにあった。

悪寒のような恐怖が背中を駆け上がり、転がるようにその場を離れたという。


Aさんはその夜両親に、山道で黒焦げの車を見た、といった。

すると両親は、その場所で三日前に焼身自殺があった、ということを幾分いいにくそうに告げた。心中という言葉も含まれていた。

「翌日には車は撤去されたと聞いたけどな」

父曰く、車内で発見されたのは中年の男女だったらしい。

Aさんが焼けた軽自動車と男女の姿を見たのはその一度きりだったが、退避所の土には何年ものあいだ真っ黒に焼け焦げた跡が残っていたという。

裏庭の二人

Kさんは小学校の一年生のときに、家族で八月の一か月間だけ仮住まいに暮らしたことがある。

住まいを改装するためであったが、その一時だけの移転が八月になったのはKさんの夏休みにあわせての配慮であったという。そして九月には改装を終えた元の家に戻ることになっていた。

遠縁の伝手で入った借家は、隣との境を土壁一枚で仕切った三軒長屋だった。大人の感覚ならばひと月だけの我慢だと割り切る必要があっただろう。しかし子どもだったKさんは毎日が新鮮で楽しかったという。

隣には両親の親世代の老夫婦が住んでいた。Kさんはお爺ちゃん、お婆ちゃんと呼んですぐに懐いた。老夫婦はKさん家族に親切にしてくれたという。

長屋の前は車も入り込めない路地になっていたから、Kさんには十分すぎる遊び場となった。

「同じくらいの歳の友だちがいたら良かったけどね」

母親は近所にKさんの遊び相手がいないことを残念がったが、一人遊びが苦手ではないKさんは気にならなかった。家の前では思う存分水遊びができたし、風通しの良い部屋で絵を描いたり工作をしたりするのも面白かった。夜、家族三人で近くの銭湯に行くのも愉《たの》しみだったという。

ただし、ひとつだけ約束させられたことがあった。

〈家の裏には決して行かない〉

隣の老夫婦からも度々「裏に行ってはいけないよ」といわれたという。

二間続きの奥にある縁側の先には雑草に覆われた地面があり、その奥に大人の背丈ほどの板塀があった。

「怖い蛇や虫がいるからね」

裏の縁側の下には、誰の下履きも置かれることはなかったという。

父親は朝仕事に出て、母親も三時を過ぎる頃に夕飯の支度の買い物に出かける。

Kさんは家に一人になると、押し入れの引き戸を開けて、中にある階段を上がった。

押し入れの奥にある階段を見つけたのはKさん自身だった。

なぜか両親は二階についてなにも話さなかったし、二階を使うようすもなかった。子ども心に、ひと月だけの仮住まいだから、必要のない余計なところは触らずにいるのだと思ったという。

荷物でいっぱいの押し入れの奥にひっそりとある狭くて急な階段をトントンと上がっていく。暗い階段は怖かったが、上がりきったあとで二階の窓から外の景色を眺めるのが楽しかった。二階の部屋は荷物ひとつなくがらんとしていて薄暗い。

畳がひんやりと冷たかったという。

窓から裏を見ると、二階建ての瀟洒《しょうしゃ》な家があり、その裏庭が、板塀を挟んで背中合わせにあった。Kさんの長屋の雑草だらけの裏庭とは違い、綺麗に手入れされ、花壇には色とりどりの花が咲いていたという。

庭にはいつも和服を着た女性と女の子がいた。

女の子は自分と同じくらいの年齢に見えた。花を摘んだり、蝶を追いかけたりして遊んでいる。そしてその女の子を、母親と思しき女性がしゃがんで見ているのだった。

(お母さんは近所に同じくらいの子はいないといったのに……)

女の子は窓から見ているKさんに気づくと、にこにこと笑いながら手を振った。

なにかいっているのだが、それほど離れていないのに声がまったく聞こえない。

「遊ぼう」とか「おいで」といっているような気もする。

普通ならばすぐに階段を駆け下りて外に飛び出していくのだが、板塀を乗り越えることは無理だし、表通りから回るにしても、玄関を知らないからどの家かわからないだろう。

そしてなによりも、両親や隣のお婆さんやお爺さんが行ってはいけないといっていた「裏」という言葉にその家も含まれているとしたら……。

自分の中のなにかが強く引き留めているかのような気後れがあって、結局一度も一緒に遊ぶことはなかったという。


大人になってからのこと。

ふとした流れから長屋に暮らしたときのことが話題になった。

Kさんが二階から見た裏の庭の女の子のことを話すと、両親は「おかしなことをいうね」と不思議がった。

そのとき住んでいた長屋は二階などない平屋で、裏の板塀の向こうには、火事で焼け落ちた一軒家があったのだという。

浮揚

Aさんが幼稚園生だった頃、箪笥《たんす》の引き出しを梯子《はしご》に見立てて上ってみたことがあった。

それは七段ほど引き出しのある子ども用の箪笥で、引き出しには動物のイラストが描かれていたという。

子ども用の箪笥とはいえ、当時のAさんの身長よりもはるかに高い。

最初は、引き出しの指をかける窪みに指とつま先を入れていたが、なかなかうまくいかない。

やがてAさんは良いことを思いついた。

一番下の段を半分ほど引っぱり出して、その上を少しだけ少なく引き出す、そしてその上をさらに少なくというふうに、梯子ではなく階段にするのである。

一段、二段……。

三段目に足を掛け、踏ん張ったのと同時に箪笥がこちら側に倒れてきた。

「うわっ」

その瞬間、子ども心に箪笥の下敷きになった自分の姿が頭をよぎったという。

Aさんは、仰向けに倒れていくのを全身で感じながら、ぎゅっと目を閉じた。

ふわりと身体が浮くような感覚があった。

同時に恐怖心が消え、いいようのない恍惚感に満たされたという。

Aさんの身体は、一旦空中に静止し、その後、仰向けの状態のまま枯れ葉が地面に落ちるように、ゆらゆらと揺れながらゆっくりと床に着地した。

静かに目を開くと、箪笥は引き出しも閉まった元の状態で立っていた。

Aさんは、あれは絶対に夢ではないという。

曲がり角

ある日のこと。

Nさんの小学四年生になる次男が膝小僧を擦りむいて帰ってきた。

放課後、同級生の家に遊びに行った帰りである。

皮がむけて血が滲んでいる。わずかだが血が流れているところもあった。

どうしたのかと訊くと、A子ちゃんの家の角を曲がったときに脚ががくっとなって転んでしまったのだという。

A子ちゃんというのは次男と同じクラスだった女の子だ。
一、二か月前に引っ越して転校していったと聞いている。
去年、確か一学期の途中で転校してきたはずだから、それから一年も経たないうちに引っ越したことになる。

いつだったか次男と一緒に自転車で買い物に行ったときに、ここがA子ちゃんの家だと教えてもらったことがあった。

小中学校の通学路にもなっている、分譲住宅地の中の一軒だ。

なるほどA子ちゃんの家は区画の端だったからT字路の角にあたる。

次男の怪我は見たところ深刻な傷ではなさそうだった。

「がくってなったって、どういうこと？」

Nさんは笑いながら、薬を塗って絆創膏を貼ってあげたという。

その翌日。

夕方、次男がまた転んで帰ってきた。

今日は自転車で出かけたはずだ。

朝貼りなおしたばかりの絆創膏が破れ、上から重ねたように擦り傷ができている。

「元気なのはいいけど、もう少し落ち着いて行動せんとあかんで」

さすがに今回は注意した。

聞くと、転んだのは昨日と同じ場所だという。

「自転車で曲がり角を曲がろうとしたら、がくっとなってコケてしもた」

「また、がくっとなったんかいな」

昨日は徒歩で今日は自転車。

問題は転んだのが二日続けて同じ場所、A子ちゃんが住んでいた家の角だということだ。

もしかしたら道路がなにか危ない状態になっているのかもしれない。

明日にでも一度見るだけ見に行ってみようと思った。

そういえば二週間ほど前に、自転車通学をしている中学生の長男が学校から帰ってくるなり、

「帰り道の家の角に誰かが突然出てきて、ぶつかりそうになったから必死で避けたんやけど、あとで振り返ったら誰もいなかったんや」

もう少しで転ぶところだった、といっていたことを思い出した。

一瞬のことだったから年齢も性別もわからない。ただ、黒い人影だったとのこと。

自分の家の敷地の角に人が立っていても不思議ではないが、突然現れてすぐに消えたというのはどういうことなのか。

「なにか見間違えたんと違うか？」

あのとき長男にそういったことを憶えている。

「もしかして……」

角というのが気になった。

その夜、あらためて長男に場所を確かめると、次男が転んだのと同じ場所だった。

つまりA子ちゃんの住んでいた家の角だったのである。

翌日、自転車で買い物に出たNさんはA子ちゃんの家の前を通ってみることにした。

道すがら長男の言葉を思い返す。

——角に突然人が立っていた。

——あわてて避けたあと、振り返ると誰もいなかった。

そんなことがあるのだろうか。

それにA子ちゃんの家もその並びの何軒かも、そんな怖い話とはイメージが繋がらない明るい雰囲気の住宅である。

A子ちゃん家の前に来るとNさんは自転車を停めた。

特に変わったようすはない。

まだ空き家のようだ。

雨戸が二、三箇所中途半端に開いているが、誰かが定期的に空気を入れ替えに来ているのかもしれない。

ふと敷地の周囲をぐるりと縁取る幅十センチほどのコンクリートブロックに目が留まった。道路からは二十センチほどの高さがある。

その直角に曲がった角に、大人が両手ですっと持てるくらいの四角い石がぽつんとひとつ置いてあった。

（まるで京都のイケズ石みたい）

Nさんはその石を見てそう思った。

往来に接する敷地の角ぎりぎりに石を置くことで、敷地の内側を車の内輪差で踏み荒らされたり、建物を擦られたりしないようにするのである。

車の運転手からすれば狭い通りが心理的にさらに通りにくくなることから、イケズ、つまり意地悪な石といわれるのだと聞いたことがある。

コンクリートブロックの上に置かれているのは、人工的に四角く加工され、ピカピカに磨かれた石だった。

なにか外装に使ったあまりだとしても、こんなところに置くことがあるだろうか。

それに位置的には角石だが、一段高い場所ではなんの意味もなさない。

あらためて顔を近づけて目を凝らしたとき、Nさんの背中を冷たいものが駆け上がった。

石の側面、こちらを向いた正面に家紋が彫られていたのである。

「うわっ」

石は墓石の一部だった。

墓石の正面の下のほうにあり、納骨するときには蓋の役目をする部位である。

偶然なのか意図的なのか、石の置かれたその角は北東の方角でもある。

誰がなんのために置いたのか。石が置かれたのはA子ちゃんの家族の引っ越しの前なのか後なのか。

そもそもA子ちゃん家族の転居となにか関係があるのだろうか。

考えるほどに寒気が増してNさんはその場を離れた。

家に帰ってネットで「家」「墓石」「鬼門」「角石」と入力して検索してみた。

迂闊《うかつ》に関わってはいけないことのように思え、クリックする指が震えたが、そのすべてが関連した事柄はヒットしなかったという。

プロペラ飛行機

昭和四十年代の終わり頃、Kさんが小学生のときの話。
五、六年生の男子のあいだでプロペラ飛行機が流行《はや》った。
ゴム動力でプロペラを回して飛ばす、組み立て式の飛行機である。

封筒状の細長い紙袋に細い角棒や竹ひごなどの部品が入っていて、それを駄菓子屋や玩具店で買ってきては自分で作る。

小刀や錐《きり》などで指に怪我をして痛い思いをするのも、当時の子どもにとっては大切な経験であり勉強だった。
四、五十センチほどの細い角棒を胴体に、竹ひごで縁取り薄い紙を糊で貼り付けた翼を輪ゴムで縛り付ける。竹ひごをろうそくの火であぶることで一時的に柔らかくなって滑らかに曲げられることも、薄い紙を貼り付けたあと霧吹きで水を掛けると乾いたときに皺もなくぴんと張ることも学んだ。
完成した機体を左の手で持ち、ゴムひもにカギを引っかけたプロペラに右手の人差し指をあてて、ゴムひもをくるくると限界までねじる。

そして指を外すと同時に空に向かって飛行機を放つのである。


Ｋさんの家に近くに、長く空き地のままの場所があった。

友だちとプロペラ飛行機を持ち寄って遊ぶのは主に放課後の運動場だったが、Ｋさんはその空き地に夕方一人で試験飛行に来ることがあった。

空き地は一辺が道路に面していて、三辺はそれぞれ高いブロック塀で囲まれていた。左右には民家、正面奥には大きなお寺が見える。

塀のすぐ向こうがお寺の裏側にあたり、墓地になっていた。

プロペラ飛行機を飛ばすときには、右側から左にあるいは左側から右に向けて飛ばすと決めていた。

つまり、お寺に向けて飛ばさないということである。

「でも、風の向きとかでお寺に向かって飛んでしまうこともあるんですよ」

お寺の中に落ちるとぐるりと通りを回って正門から探しにいくことになる。面倒だし夕方の墓地は気味が悪かったが、お墓のあいだに着陸したプロペラ飛行機は案外簡単に見つけることができた。

しかし、ときには本堂の大屋根に乗ってしまうこともあった。

大屋根には子どもはおろか大人でも容易に上ることはできないから、風にあおられて落ちてくるのをひたすら待つしかない。

運悪く車輪の針金が瓦の隙間に引っかかってしまったら、雨風にさらされて屋根の上で紙と木のゴミと化すのを眺めることになった。

「それならまだ納得できるんですが」

プロペラ飛行機が大屋根のてっぺんを越えて向こう側に飛んでいったときに限り、どこを探しても見つからないことがあったのだという。

大屋根に乗ってしまったのならば本堂の正面に回った時点ですぐわかるし、前の庭に落ちたのならば墓地よりもはるかに見つけやすいはずである。

どう考えても大屋根を越えて視界から外れた瞬間に、どこへともなく消えてしまうとしか思えない。

たまたま本堂の前で出会った和尚《おしょう》さんに、プロペラ飛行機が落ちていたことはないかと訊いてみたことがあった。

和尚さんは「さあどうだろうね。見たことないねぇ」という。

Kさんは、お寺の屋根を越えた瞬間にプロペラ飛行機がどこかに消えてしまう、もう何機もなくなった、ということを訴えた。

するとと和尚さんは少しなにかを考えたあと、それは申し訳なかったねと詫びると、代わりにお供えのおさがりのお菓子をあげようかね、と微笑んだ。

「このお寺はね、歴史が長いから、小さな子どももたくさん眠っているんだよ」

和尚さんのまなざしは、境内の脇に並んだお地蔵様に向けられていたという。

三本足の犬

M子さんは女五人、男一人の六人姉弟の次女として育った。

最年長の姉から五番目までは全員女で、最後に生まれた六人目だけが男だった。

末っ子の弟とは九つほど離れていたという。

昔は兄弟姉妹の多い家族も少なくなかったとはいえ、昭和五十年代、小学校の高学年だったM子さんの周囲を見ても、六人姉弟というのは珍しかった。

「書類に家族全員の氏名を書くときがなんともいえず恥ずかしかったことを憶えています」

ときには枠の外に末の二人の名前を書くこともあった。

家族の人数が四、五人で、見栄えの整った書類を提出できる友人が羨ましかったという。

M子さんは活発で運動神経も良く、性格も男勝りのところがあった。

二歳上の姉はM子さんとは真逆のタイプだったこともあって、男の子に頼むような用事はいつも次女のM子さんがいいつけられた。

家庭の力仕事や、修繕作業などで父親を手伝うのもM子さんの役目だったそうだ。
三、四、五女は年齢も近く気が合うようで、家の中でままごと遊びをしたり、おはじきをしたりして大人しく遊んでいることが多かったという。
母親はいつも忙しく、二歳の弟の子守りは必然的にM子さん担当となった。

「わたしも友だちと遊びたかったから、弟をおんぶ紐で背中に背負った格好で同級生が遊んでいる広場に行くこともあったんです」

広場の周囲は雑草の茂った荒れ地で、当時はまだ普通に野良犬や野良猫がいた。

季節によっては可愛い仔犬や仔猫もいたが、のそりとやってくるのはたいてい痩せた大きな犬だった。

「なにもせんかったら大丈夫」

子どもたちはそういって特に構うこともしなかったし、犬のほうも子どもたちの遊びを眺めるのに飽きたらすっといなくなった。

いつも広場の端っこでじっと座って子どもたちを見ている犬がいた。

「あの犬、M子ちゃんが来たときだけあそこで見とるわ。M子ちゃんのことが好きなんと違うか」

と友人は笑った。

こげ茶色の雑種で、両足で立ち上がったら子どもの肩に容易に届くくらいの大きさの犬だった。

その犬は右側のうしろ脚が極端に短く、左脚の三分の一ほどしかなかった。両親にそのことを話したら、小さい頃にカラスに襲われたか、車に轢かれて傷口から腐って落ちたのではないかということだった。

犬は、ぴょんぴょんと少し跳ねるような歩き方をした。

母親は不憫に思うのか、ときどきM子さんにあの犬は元気でいるかと訊ねた。

以前母方の親戚に戦争で足をなくし若くして亡くなった人がいると聞いたことがあった。もしかしたら無意識にその人と重ねているのかもしれない、M子さんは子ども心にもそんなふうに思っていたという。

当時、女子が広場でする遊びといえば〈ゴム跳び〉だった。

輪ゴムをいくつも繋げて長いゴムひも状にし、走り高跳びのバーのように左右の持ち手がそれぞれ端を持つ。

足首、膝、腿と高さを上げていき、どこまで跳べるかという遊びである。

ゴムだから引っかかっても安全だし、ゴムをわざと踏んだり、足首に引っかけて高さを下げてそこを跳び越えたりする技もあった。

スカートの裾をパンツに巻き込むように押しこんでスカートが捲れないようにするのも流行っていたという。

ゴムに引っかかった者がゴムの持ち手を交代するルールではあったが、弟を負ぶっていたときは、M子さんがゴムの持ち手を買ってでた。

あるとき、どうしても自分も跳びたくなって、持ち手を友だちに代わってもらった。

友人が「○○ちゃん（弟の名前）、見ててあげようか」といったが、一、二回跳べればいいし、おんぶ紐を解くのも面倒だった。

「大丈夫」

M子さんは背中に負ぶった弟を揺すってしっかりと背中に密着させた。

ゴムひもの高さは腰の位置。

五十メートル走のスタートのような体勢で全身に力を込める。

「よしっ」

一歩踏み出そうとした瞬間だった。

それまで少し離れたところにいたはずの犬が、M子さんの右足の踵を噛んだ。

犬の大きさから考えれば、本気で噛んだとしたら小学生の足首などひとたまりもないはずである。

犬は力を加減しながら軽く噛んだのに違いなかった。
そしてM子さんの顔を、もの言いたげに見上げている。

「ぼんが舌噛みよるから、やめとき」

背中で寝ているはずの弟がいった。
しかしそれは二歳の幼児ではなく、大人の男性の声であり、しっかりした口調だった。
M子さんは、驚いて肩越しに弟の顔を見た。
弟はまん丸の目でM子さんの顔を見ている。
犬はしっぽを振りながらぴょんぴょんと離れていったという。

暗い道

K子さんは学生の頃、電車通学をしていた。

自宅から最寄りの駅までは徒歩二十分。

ひと月数千円かかる自転車預かり場の料金が浮いて足腰も鍛えられるということで、毎日駅まで歩くことにしていたそうだ。

陸上部でもあるK子さんにとって二十分歩くことなど容易いことだったが、夜となれば少々事情は変わる。若い女性ならばなおさらということになるだろうか。

自宅までのあいだずっと商店や民家が続いているわけではなく、田舎町ゆえに五分と歩かないうちに駅前の明かりも届かない真っ暗な市道になってしまう。

そこから十分ほど空き地と畑と操業時間を終えた人気のない小さな工場が交互に並ぶ道が続く。

子どもの頃から通り慣れている道とはいえ、夜は月明かりと間隔を空けてぽつりぽつりと立つ電柱の街灯だけが頼りの心細い道だった。

その日は電車を降り駅前のロータリーを過ぎた頃からなにか様子が違ったという。

夜は暗くて当然なのだが、その暗さが濃い。

厚い雲に覆われた雨の夜でもここまでの暗さを感じることはない。

心なしか空気も淀んでいるようだった。

まるで視界のすべてを艶消しの黒いペンキで塗りつぶしたようで、いつもならば足元にうっすらと見える車道の範囲を示す白いラインもわからない。

なにを頼りに歩けばいいのか。下手をすれば側溝に片足を落としそうで怖い。

悪い夢の中にいるような閉塞感に息をするのも苦しかったという。

五十メートルほど先にある電柱の街灯の明かりだけが、ぼんやりと白い円錐形を道路に落としていた。長いトンネルの出口のようにそこだけが明るい。

長距離走のときのように、まずはあの電柱までと白い円錐を目指した。

電柱までの距離が半分ほどになったとき、白い円錐の中に誰かが立っているのが見えた。

中年の男性のようだった。

痩せていて、特徴のないくすんだ色のスーツを着ている。

気味が悪いのであまり見ないようにしてその横を通り過ぎようとしたが、真横に差し掛かったタイミングでそちらを見てしまった。

男は電柱の前に立っているのではなかった。

コンクリートの柱の表面に貼り付いていたのである。

男の身体に立体感はなく、まるで等身大のモノクロ写真を電柱にぴったりと貼り付けたようだった。顔もスーツの袖口から見える筋張った手も、血の気のない灰色をしていたという。

貼り付けられたことで動きを制限されているのか、不自由そうに上半身をもぞもぞと動かしている。

男はK子さんと目が合うなり威嚇するように表情を歪ませて、にやりと嗤《わら》った。

「ひっ」と、小さく悲鳴をあげるとK子さんは全力で走った。

少しでもその場から離れたかった。

振り返らずに走り続け、息が上がったところで一旦止まった。

その場にしゃがみこんでしまいそうになるのを膝に手をあてて堪えた。

荒い息を整えながら、視線を前方にあげると次の電柱が見える。

とにかくあそこまで、と足を踏み出そうとして止まった。

——男が貼り付けられている。

（どうして？）

次の電柱だと思ったのは、いま全力で逃げてきたばかりの電柱だった。

K子さんは混乱と恐怖に絡めとられたまま、その場から進むことも戻ることもできなくなった。

すると前方から車のヘッドライトが近づいてきた。

気持ちの一部ではどこかほっとするものの、状況的に安心はできない。

車はK子さんの少し前で停まった。

「K子、大丈夫か」

車の窓が開いて聞きなれた声がした。

K子さんの父親だった。

荒い息をしながら立ち尽くすK子さんを見て、父親はなにかあったのかと表情を硬くしている。

父親が車で迎えに来てくれるとは思っていなかったK子さんも同様に驚いたが、とにかくこれで助かったと安堵したという。

K子さんはなにがなんだかわからないまま父親の車に乗った。

車の中から見る道路は、普段と変わりない、いつも通りの暗い道だった。

電柱の横を通ったときには、貼り付けられた男の姿はなかったという。

車の中で父親が迎えに来た経緯を話してくれた。

庭で飼っている犬が突然狂ったように吠え出したのだそうだ。

目の前を野良猫が通っても吠えもしない大人しい犬で、番犬にはならないといつもからかわれていたK子さんの愛犬である。

何事かと庭に出てみたが、周囲に別段変わった様子もない。

そもそも犬がなにに対して吠えているのか見当がつかなかった。

(駅のほうを向いているのか)

ふと、そう思ったら胸騒ぎを覚えた。

ちょうどK子さんが帰宅する時間でもある。

そうなるとじっとしていられず、とりあえず車を出して駅まで来てみたとのことであった。

K子さんが電柱に貼り付いた男を見たのは、その夜一度きりだという。

サイドカー

五十代の男性Yさんが小学校の一、二年だったときのこと。

ある冬の日の夕方、一人自転車で田んぼ道を走っていると、背後から大きな排気音が迫ってきた。

轍《わだち》の残る、軽トラックがようやく一台通れるだけの幅しかないでこぼこ道。

Yさんはいつものように脇によって止まった。

すると間もなく、砂埃をあげながら大きなバイクがYさんの横を通り過ぎた。

サイドカーの付いたバイクだった。

「うわっ、すごい」

テレビで変身ヒーローが乗っているのを見たことがあるが、実際にサイドカーの付いたバイクを目にするのは初めてだった。友だちが一緒だったらみんな興奮して大騒ぎだっただろう、Yさんはそのとき一人だったのを残念に思った。

ただそれは、テレビで見る派手な色の流線形ではなく、暗い色をした古く武骨な印象のバイクだったという。

車体の右側に付けられたサイドカーには誰も乗っていないようだった。あそこに乗せてもらったらどんな気分だろう、そんなことを想像しながら、しだいに小さくなっていくバイクを眺めていたという。

すると、運転しているライダーの頭が、突然ぽろりと取れた。

Yさんは思わず「うわっ」と声をあげた。

最初はヘルメットが脱げたのかと思った。

しかし肩の上にあるはずの頭部自体がない。

ライダーの頭は右肩の上を転がり、小さく跳ねて、バスケットボールのシュートのようにサイドカーの座席にすとんと入った。

一瞬の出来事だった。

Yさんは、ライダーが死んだのではないか、バイクが転倒して田んぼに突っ込むのではないかと固唾《かたず》を呑んだが、バイクは何事もなかったかのように走り続け、やがて夕暮れ時の薄闇の中に消えたという。

幼いYさんの脳裏に「バイクは頭が突然取れる怖い乗り物」と刻まれた。

風圧なのか振動なのか、あるいは違う理由があるのかわからないが、見かけの格好良さとは裏腹に、とんでもなく危険な乗り物だというふうに。

年齢を重ねるうちに、人間の頭はそんな簡単に取れるものではないと理解はしたが、それでも心の奥に刻まれた恐怖心はいつまでも消えなかった。

高校生になったとき、友人の何人かは学校に無断で免許を取り、バイクを乗り回すようになった。Yさんもバイクに興味がないわけではなく、まじめな奴と思われるのも本意ではなかったが、あと数年我慢をして正々堂々と車に乗ることを選んだ。

そのことでバイクに乗る友人たちと関係が悪くなることはなかったものの、自然と距離が生じ、Yさんは部活動のバスケットボールに熱中するようになった。

あるとき、バイクで連れ立って走っていた友人同士が接触して、複数が転倒する事故を起こした。第三者を巻き込むことはなかったが、それぞれがけっして軽くはない怪我を負った。学校でも大きな問題となり、結果、ある者は中途退学をし、別の何人かは生涯不自由を強いられる後遺症を残すことになった。

「こじつけかもしれませんが、子どものときにあのサイドカーを見ていなかったら、私もその場にいたかもしれません」

Yさんは、いまでもあのサイドカーはなんだったのだろうと考えるのだそうだ。

精霊馬

H子さんの一人息子Mさんは、県外の大学を卒業したあと、そのまま大学のある土地で就職をした。

働き出して三年。

仕事も忙しく、距離もあるために気軽に実家に帰ることはできなかったが、正月とお盆の休みには必ず愛車の大型バイクで帰省してくれた。

H子さんとご主人はMさんの顔が見られるのを心待ちにしていたという。

Mさんはバイクのエンジンを切る前に一度「ブォンッ」と空ぶかしをする。

エンジンに余分なガソリンが残ったままにならないようにとのことらしいが、難しいことはH子さんにはわからない。

H子さんにとっては待ちに待ったMさんの「ただいま」の合図だった。

ある年の八月の半ば。

会社が夏休みになり、Mさんが帰ってくることになった。

そろそろ着く頃かと思っていると、玄関先で「ブォンッ」といつもの音がした。

「あっ、帰ってきた」

H子さんは玄関まで行き「ただいま」と元気な声と同時にドアが開くのを待った。

ところが、いつまで経ってもMさんは家に入ってこない。

――バイクの荷物を解いているのだろう。

待ちきれないH子さんはサンダルを履いてドアを開けた。

「Mっ、どうしたの」

ドアを開けたH子さんは悲鳴をあげた。

そこには血まみれで立つMさんの姿があった。

ひと目でただごとではないと悟った。

頬が裂け、流れ落ちる血液の奥に頬骨が見えている。

服はあちこちが破れ、腕が肘のところでぶらぶらと不自然に揺れていた。

「いやぁ、途中で転んじゃってね。でも、お腹がぺこぺこだったから急いで帰ってきたんだよ」

Mさんはそういって笑う。

H子さんは居間にいるご主人を玄関に呼び、自分は救急車を呼ぶために電話口に走った。

電話を掛けようと受話器に手を伸ばしたとき、ジリリリリと呼び出し音が鳴った。

受話器を取り、

「すみません、いま取り込んでいるので……」

そういって切ろうとすると、受話器の向こうで、

「そちらにMさんというご家族はいらっしゃいますか……」

と相手がいうのが聞こえた。

「Mさんは市内の○○の交差点で事故に巻き込まれてバイクで転倒されたようです。いま病院に……」

受話器から聞こえる冷静な声に、ご主人の「おーい、誰もいないよ」という声が玄関から重なる。

事故現場は、最寄りのインターチェンジを下りてすぐの場所だったそうだ。

財布の中の免許証と一緒に、緊急連絡先を記した紙が入っていたとのこと。

H子さんとご主人は急いで病院に駆けつけたが、Mさんは搬送後に亡くなっていた。

二人は抱き合ったまま廊下で泣き崩れたという。

一時は体調を崩すほどの失意の中にいたH子さんとご主人だったが、やがてお互いに支え合いながら少しずつ静かな日々を取り戻してきた。

今年もお盆が近づいてくる。

「わたしたちのお盆は、茄子《なす》や胡瓜《きゅうり》で精霊馬《しょうりょうま》を用意しなくてもいいんですよ」

H子さんはそういって微笑む。

三十年近く経ったいまでも、毎年八月十二日の夕方になると、

「ブォンッ」

と、玄関先で一度だけエンジンを大きくふかす音がするのだという。

ドリブル

バイクで古い街道を走ることが趣味というSさんの話。

西日本のとある町でのこと。

穏やかな傾斜が続く街道の脇に風情のある民家が並んでいた。

名のある宿場町ならば当時の面影を残す宿や土地の名物を扱う商店もあるが、そこはごく普通の街道沿いの集落だったという。

そうした集落にもたいてい一軒は万屋《よろずや》がある。

いわゆる昔ながらのなんでも屋さんである。

いつのものかわからないポテトチップスや、紙箱が色褪せたスナック菓子、お年寄りが好みそうな煎餅類、申し訳程度のカップ麺などに加えて、調味料や洗剤も薄暗い店内に並べられてある。

菓子パンなどの賞味期限が切れていないのは、自動販売機のジュース同様、業者が定期的に補充に来るからだろう。

Sさんはそんな万屋の店先でひと息つくのが好きだった。

「昔ながらのベンチと灰皿があったりするんでね。ほんとタイム・マシンで昭和に戻ったようです」

Sさんはその日も缶コーヒーを飲みながら煙草を吹かし、街道の風景を楽しんでいた。

すると一台の配送トラックが坂を上ってきた。

旧街道を抜け道にする地元の業者なのだろうか。

軽乗用車でも対向できるかどうかという道幅である。いま反対から車が下ってきたら対向も難儀だろうと他人事ながら心配になる。

配送トラックが目の前を通り過ぎようとしたとき、

「うわっ」

Sさんは思わず叫んだ。

前輪と後輪のあいだにこちらに頭を向けて倒れた子どもがいる。

幼児がマットの上でする体操のように、身体をまっすぐに伸ばしてごろごろと横向きに回転している。

髪型やちらりと見える青いシャツから男の子のようだ。

男の子はタイヤに踏み潰されることもなく、まるでサッカーボールのドリブルのようにトラックの後輪に弾かれては小刻みに前に突き出されている。

Sさんは跳ねるように立ち上がると、トラックを追いかけた。

「止まれっ、止まれっ」

荷台を思い切りバンバンと叩く。

サイドミラー越しに運転手と目が合った。六十絡みの日に焼けた男性だったという。

「子どもを巻き込んでるぞっ」

Sさんは叫んだ。

運転手はあわててトラックを停め、ドアを蹴り開ける勢いで飛び下りてくると、トラックの下を覗き込んだ。

Sさんも一緒に道路に這いつくばる。

……いない。

二人でトラックの下に潜り込んで隅々まで探したが、男の子の姿はどこにもなかった。

ならばと、Sさんから見て荷台の向こう、反対側の側溝にでも落ちたのかと探したが、そもそも人が落ちるような側溝はなく、坂の下のほうまで見通し良く確認できた。

そうなるとSさんは自分が目にしたことに自信がなくなってきた。

（見間違いだったのか）

困惑するSさんの横で、運転手は「ああ、良かった」と大きな息をひとつ吐いた。

「子ども、どこにもおらんよね」

運転手がさらに同意を求める。

Sさんが男の子を見てトラックを停めるまで、距離にすると十五メートルから二十メートル。

途中で消えるはずがない。

しかし、どこをどう探しても男の子の姿はないのだ。

「はい、すみません」

そう答えるしかなかった。

それにしても……。

ことがことだけに「あんた、本当に見たのか！」あるいは「いい加減なことをいうなよ」と運転手に怒鳴られる覚悟もしたが、運転手はただ安堵するだけだ。

「一瞬ですが確かに男の子が見えたんです。でも見間違えのようです」

Sさんがいうと、運転手は「それならええんや」といった。

運転手の物わかりが良すぎる態度が気になるものの、自分が直接関わったことではない。

実際になにも起きていないのならば、そうしておくのがいいだろう。

「ほな、行きますわ」

と、走り去るトラックを腑に落ちない気持ちで見送りながら、Sさんもスタートすることにした。

休憩中には気づかなかったが、万屋から三十メートルほど進んだところに小さな祠があった。

お地蔵様のようだ。

Sさんはこの先の安全をお願いしようと、バイクを停めると祠の前で手を合わせた。

お地蔵様は優しい顔をされていたが、首から下は、倒して乱暴に転がしたようなひび割れと汚れで痛ましいお姿だったという。

駄菓子屋さん

五十代の男性Yさんが小学校の一、二年生だったときの話。

夏休みのある日、両親が所用で遠縁のおばあさんの家に行くことになった。

遊びに行くわけではないので子どもが付いていきても面白くないのはわかっていたが、Yさんと二つ年下の妹二人だけで留守番をさせるのは心許ない。電車とバスに乗るだけでも少しはお出かけ気分になるだろうと、Yさんたちも連れて行くことにしたのだそうだ。

父親の大叔母にあたるおばあさんが住んでいたのは、Yさんの家の近所とたいして変わらない、拍子抜けするほどの普通の町だった。

おばあさんの家についてすぐに冷たいジュースを出してもらったものの、お年寄りが一人で住んでいる家だからおもちゃどころか漫画本一冊すらない。

Yさんと妹はすぐに退屈してしまったという。

「そうだ、来る途中に駄菓子屋さんがあっただろう。お小遣いをあげるから二人で行っておいで」

お父さんが「二人分」といって四百円くれた。

バス停の近くに駄菓子屋があったことは憶えていた。お店の中を覗き込みながら歩いてきたばかりだ。

二人分とはいえ銀色のお金を四枚も貰えることはめったにない。今日は一人二百円も使えるのだ。Yさんと妹は喜んで駄菓子屋さんに向かった。

「こんにちはぁ」

透明なガラスが入った引き違い戸をガラガラと開け、中に入ると二人は声を揃えた。

店の中は黒っぽい地面の土間になっていてひんやりと涼しい。土間特有のほんの少し饐えたような匂いがした。

子どもの腰丈の平台に、駄菓子やおもちゃが隙間なく並べられていた。

壁にも銀玉鉄砲や空飛ぶ円盤、女の子向けのシールやプラスチックのアクセサリーがホチキスで留められた台紙が隙間なく掛けられている。

ガラスの上蓋の付いたテーブル式の商品ケースには、消しゴムや定規、鉛筆などの文房具が並んでいる。カラフルな柄のついた、鉛筆を削るための折り畳みナイフもあった。

ところが、お店の人はなかなか出てこない。

「こんにちはぁ」

二人はもう一度いった。

「誰もいないのかな」

お店の人がいない状態で店内をうろうろするのは子ども心にも気が引ける。

土間の正面には曇りガラスのはまった引き戸があり、その向こうは居間のようだったが、電気は消えているのか昼間なのに暗い。

居間の右側面にはトオリ庭といわれる土間が奥へと伸びていた。トオリ庭とは町屋などに見られる、住居部分にあがらずに下足のままで奥にある便所や裏庭まで行くことができる家屋の中の通路である。

「こんにちはぁ」

もう一度二人で声をあげたとき、トオリ庭の奥からタタタタタッと足音が聞こえた。

(お店の人、やっと気づいてくれた)

タタタタタタタッ
(なにか変だ)

早歩きというよりも明らかに走っている。

バンッ。

空気が鳴ったかと思うと、トオリ庭からのれんを割って女の人が飛び出てきた。白い開襟シャツ。頭に日本手ぬぐいを巻いている。おばあさんというほどではないが、自分の母親よりは年長に見えた。

「ぶつかる！」

Yさんは一歩飛び退き、よろけた妹は尻もちをついた。

女の人は全力疾走のまま、二人のあいだをすり抜けるようにして表に出ていった。いくら女性とはいえ、大人がすぐそばを全力で走り抜ける威圧感は子どもには恐怖でしかない。

最初はあっけに取られていた妹も泣きだしてしまった。

Yさんは自分も驚いたし怖かったが、泣く妹を見てかっと頭に血が上った。せいぜい五、六メートルしかない店の中を全力で大人が走るとは何事だ。いま思えばそんな憤りから、表に走り出た女の人を睨んでやろうと振り返った。

ところが、数秒しか経っていないにもかかわらず、女の人の姿はすでに通りのどこにもなかったという。

Yさんは妹と二人で店に入ったあと、開けた引き戸を後ろ手で閉めたことをはっきりと憶えていた。店に入ったとき土間の空気がひんやりとしていたために、駄菓子屋さんにしては珍しく冷房が掛かっていると思ったからだ。

「いま考えれば、あの女性はこの世の人ではないのだろうと思いますが」

けれどもそのときは、大人の人の中には、走りながら一瞬にして引き戸を開けて閉めるということができる人もいるのか、と驚いたという。

やがて、正面の居間からおばあさんが現れた。穏やかそうな顔のおばあさんだった。

泣いている妹を見て「どうしたの」と訊く。

どうしたもなにも、あの人は一体なんなのだ、Yさんはそんなことを訴えたいのにうまく言葉にできない。非難を込めて女の人が走って出ていったところを指さした。

するとおばあさんは、一瞬なにかを悟ったような顔をしてすぐに、

「さて、なにがいいかい。くじ引きかい」

と優しい声でいったという。

Yさんと妹は、五円、十円のくじ引きを何回かし、小さなおもちゃを二つずつ買った。

おばあさんは駄菓子をひとつずつおまけしてくれた。

最後に当たりのついたアイスを買い、食べながら両親のいる家に戻った。

アイスは二人ともハズレだったという。

スーパージェットマン

五十代の男性会社員Sさんは、小学二年生のときに、二歳年下の妹Yちゃんと二人だけでお祖父さんの家に遊びに行った。

昭和四十年代の終わり頃のことだという。

兄妹だけでどこかに行くのは初めてだった。

駅まで母親に送ってもらい、お祖父さんの家の最寄り駅には、お祖父さんとお祖母さんが入場券を買ってホームまで迎えに来てくれた。

実際に二人きりになるのは電車に乗っているあいだだけだったが、それでも子どもだったSさんとYちゃんにとっては大冒険だったという。

お祖父さんの家には五日ほど泊まったそうだ。

お祖父さんの家は、駅からバスで半時間ほど行った山間の町にあった。

家の周りは田んぼと畑ばかりだったが、遊ぶ場所には不自由しなかった。

田んぼの脇には小川が流れていたし、こんもりとした小さな森の中には集落の人たちがお世話をしているという古い神社があったからだ。

その境内を抜けるとすぐ隣り合わせに自然の池もあり、滞在中は毎日のように神社と池に遊びに行ったそうだ。

池の直径は十メートルほど。深さは一メートル程度に見えたが、奥のほうはもっと深いのかもしれない。水は少し濁っていたが、小さな魚がたくさん泳いでいた。

池の周りの草むらには、昆虫ばかりでなく、家の近くでは見ることのない綺麗な色をしたトカゲや、数ミリから四、五センチもあるような大小のカタツムリなど多くの生き物がいた。

最初はお祖父さんに連れてきてもらっていたが、SさんとYちゃんは、二人だけで神社まで遊びに行くようになった。

日中は特に誰もいない静かな神社だった。

Sさんはその日、白黒のカミキリ虫と、緑色に光るカナブンを捕まえた。

カナブンはYちゃんの虫カゴに入れてあげたという。

夕方になり、そろそろお祖父さんの家に戻ろうかと思っていると、どこからともなく男の子が現れた。自分たちと同じくらいの年恰好だ。

近所に住んでいる子なのだろうと思った。

「何年生？」

男の子が訊いてきた。

「ぼくは二年。妹は幼稚園」

Sさんが答えると、男の子は「ぼくは一年」といった。

意地悪そうでもなく、かといって特別人懐っこいということもない、顔も服装もごく普通の男の子だった。

すると男の子のうしろになにかが見えた。夕方だったので男の子の陰になったそれは最初、黒か紺色に見えたが、どうやら緑色をしているようだ。

（おもちゃ？）

人のような形をしている。

当時、低学年の子どもの腰の辺りまである大きなサイズの人形が発売されていた。

ジャンボ何々といったネーミングの、ロボットやヒーローたちのソフビをそのまま大きく拵《こしら》えた男子たち憧れのおもちゃだった。

男の子はそのおもちゃを後ろ手に持っているのかと思った。

それにしては全体が緑色一色なのがおかしい。

そんなヒーローがいただろうか。

もしかしたらヒーローではなく怪人か怪獣の人形かと思っていると、それが突然動いて、男の子の背中越しにひょいと顔を出した。

「うわっ」

生きている。

いままで実際にはもちろん、漫画や図鑑でも見たことのない生き物だ。

身長は七十センチほどだろうか。

猿のように二本足で立っている。

黒目勝ちの濡れたような大きな目をしていて、その下に小さな鼻の孔《あな》がある。口といえば、三角形の小さくて尖った歯が並んでいて噛まれたら痛そうだった。

頭にも身体にも毛はなく、カエルの肌のようにつるりとしている。

大型の爬虫類の一種だと考えるのが自然だろうが、自分が知らないだけで外国からやってきた珍しいペットなのかもしれない。

「ペット？」

Sさんは訊いた。

「違う。えーっと、スーパージェットマン」

男の子はそう答えた。けれども、Sさんにはそれがなんとなく場当たり的に、Sさんが興味を持ちそうな名前を思いついて答えただけのように聞こえた。

スーパージェットマン、とYちゃんが復唱すると、スーパージェットマンはぴょんぴょんと二回跳ねた。そして、続けて三回目のジャンプはSさんの身長をはるかに超えて見上げるほどの高さまで跳び上がった。

(トカゲの仲間かと思ったけれど、カエルの仲間かもしれない)

Sさんはそう思った。

「遊ぶ？」

男の子がいった。

Sさんたちは少しだけ一緒に遊ぶことにした。

三人と一匹と考えればいいのか、四人と考えればいいのか。いずれにせよ、なんの道具もない子どもが集まって遊ぶときはとりあえず鬼ごっこだ。

スーパージェットマンは軽々と神社の屋根くらいの高さまで跳び上がったり、小さいくせに一歩で五メートルくらい進んだりするので、鬼になれば無敵だし、逃げれば絶対に捕まえられなかった。

男の子のいうことはよく聞いたから、人の言葉をある程度理解しているようだったが、頭のいい犬くらいなのかあるいはもっと賢いのか、その程度はよくわからなかった。

スーパージェットマンはときどき「クァー、クァー」と声を出した。

それは鳴き声というよりも、男の子とのコミュニケーションを取るために、意識的に音と声量を調整した喋り声という感じだった。

やがて鬼ごっこに疲れて皆で休憩していると、スーパージェットマンはYちゃんが首から提げていたペンダントに興味を持った。

当時流行っていた、テレビ漫画のヒロインが呪文を唱えながら変身に使う化粧のコンパクトを模したおもちゃである。

コンパクトの蓋を開けると、上蓋の裏が鏡になっている。

Yちゃんはペンダントを外してスーパージェットマンに貸してあげた。

スーパージェットマンは、両手でコンパクトを大切そうに持つと、鏡に映った自分の顔を不思議そうに長い時間見つめていたという。


翌日も二人は神社に行った。

遊びながら夕方まで待ってみたが、男の子とスーパージェットマンは来なかった。

そして、家に帰る日も、帰りのバスに乗る前に二人で走って神社を見に行ったが、誰もいなかった。

できれば、さようならがいいたかった。そして、来年また来るよ、と。

Sさんと Yちゃんが男の子とスーパージェットマンと遊んだのは、結果的にあの日一回きりであった。

それからも毎年夏になるたびに兄妹二人でお祖父さんの家に遊びに行ったが、男の子とスーパージェットマンに会うことはなかった。

お祖父さん曰く、近所にその年代の男の子はいないいし、緑色の奇妙な生き物も見たことはないとのことであった。

大人になってから、Sさんは Yさんに、子どもの頃お祖父さんの家の近所の神社で、知らない男の子とスーパージェットマンと呼ばれていた奇妙な生き物と一緒に遊んだことを憶えているかと訊ねてみたことがある。

Yさんは、断片的ではあるものの、しっかりと憶えているといった。

あれは子どもの頃に見た他愛のない夢だったのではないか、と考えたこともあるけれど、兄妹がまったく同じ夢を見るとは思えないとも。

ただ、後年ひとつだけ思い至ったことがあるという。

スーパージェットマン、と男の子は呼んでいたけれど……。

間違いない、というふうに小さく頷きながらYさんはこういったそうだ。

「見た目ではわからなかったけれど、女の子だったんじゃないかしら」

白い馬

ある城下町での話。

現在四十代の主婦H子さんは、子どもの頃、江戸時代の風情が残る町屋に住んでいた。

その辺りは昔、同じ職種の職人が集まって暮らす職人町だったそうだ。

小学校の一、二年生だった頃の出来事だという。

ある日、H子さんが裏庭で一人砂遊びをしていると、敷地を囲んだ板塀の下の花壇に白い馬が現れた。

手綱《たづな》も鞍《くら》もない裸馬であった。

大きな神社にいる神馬のような、あるいは時代劇で主人公が乗るような、美しい毛並みの白馬だったという。

ところが、姿は間違いなく馬なのだが、その大きさが普通ではなかった。

ガラスケースに入った五月人形の武将が跨《また》がる馬と同じくらいなのである。

「わかりやすくいえば、当時女の子が遊んでいた着せ替え人形が乗ればちょうどいい大きさの馬だったんです」

そうなると、仔馬、成馬という話ではない。

驚いたH子さんは、砂遊びの篩《ふるい》を落として見入ってしまったという。

白い馬は、花壇の草花を分けるようにして庭に進みでると、しゃがんだH子さんのほんの二メートルほど前を、姿勢を正し毅然とした歩き方で右から左へゆっくりと移動していった。

そして現れたほうと反対側の板塀まで進むと、H子さんとの距離を保ったまま直角に曲がり、変わらず正しい姿勢の歩き方で家屋のほうへと進み始めた。

(捕まえて飼いたい)

H子さんはそう思った。

(首に紐を付けて散歩をしたらどんなに楽しいだろう。学校に連れて行ったらみんな羨ましがるだろう。でも先生に叱られるかしら)

瞬時に楽しい空想が広がった。

白い馬は、H子さんの存在など眼中にないようにまっすぐに前を見ている。

(犬や猫と同じように抱き上げてもいいのかしら)

捕まえる方法を思案しながらH子さんがそっと立ち上がったとき、馬は一度だけ両前足を上げて嘶《いなな》いた。

「ヒヒーン」ではなく、高い音で「ピーッ」と聞こえたという。

その後縁側まで進んだかと思うと、白い馬はそのまま薄暗い縁の下に入っていく。

H子さんはあわててあとを追った。

頭を地面につけて縁の下を覗き込むと、薄暗い縁の下を奥へと進む白いお尻が見えた。

縁の下には大人は入れないが、身体の小さなH子さんはなんとか入れそうだった。

(早く捕まえなければ)

H子さんは腹ばいになって頭から縁の下に入った。肘と膝で少しずつ前に進む。

しかし、身体が全部入りきってようやく顔を前方に向けたときには、白い馬はもうどこにもいなかったという。


H子さんは小学校の高学年までその家に暮らしたが、その後家族とともに郊外の分譲地に引っ越した。

白い馬は、最初に見た日から三年ほどのあいだに期間を空けてさらに二回現れた。

忘れた頃になると現れる白い馬は、見るたびに大きくなっていた。

三回目に現れたときには柴犬ほどの大きさになっていた。

これ以上大きくなったら飼うことはできないだろうと思うと同時に、その頃には、この馬は人間がペットにするような生き物ではないのだと理解していたという。正確にいえば、生き物と捉えるのも正しくないということも。

白い馬は、いつものように庭を歩いて、最後は縁の下に入った。H子さんはまた追いかけた。捕まえるのではなく、少しでも長く見ていたいという気持ちだった。

縁の下に入り腹ばいになって進んだが、背中が床板を支える角材にゴツゴツと当たった。いつしかH子さんも大きくなっていたのだった。

心のどこかで縁の下に入るのはこれが最後になるのだろう、と思った。

白い馬はどこにもおらず、縁の下には、顔なじみの野良猫のものであろう乾いた糞が二つ転がっていたという。

野辺おくり

M子さんの長男Tちゃんが二歳だったときのこと。

M子さんはご主人とTちゃんの三人家族。実家は現在の住まいの近くだが、母方の祖父母の家は、一度訪れようとすると三、四日の日程が必要な遠方だった。

祖父母はともに八十代で、二人で暮らしている。

孫であるM子さんも祖父母には大変可愛がってもらった記憶があるが、ひ孫のTちゃんとなればなおさら可愛いのだろう。携帯でTちゃんの声を聞かせたり、写真を送ったりするだけでもとても喜んでくれる。

一年か二年に一回はTちゃんを連れて祖父母の家に行きたいと思いながらも、経済的にも時間的にも気軽に行くことはかなわない。実際に遊びに行けたのはTちゃんが生まれてからは一度だけだったという。

ある日のこと。

Tちゃんがリビングと横並びの和室を行ったり来たりしていた。

普段遊んでいるリビングと違い、和室は物も少なくひっそりとしている。

幼児にとってがらんとした六畳間はちょっとした広場のように感じるのかもしれない。どこか非日常めいたわくわく感もあるのだろう。

どうやらリビングにあるおもちゃ箱から、中のおもちゃをひとつずつ和室に運んでいるようだ。和室のようすは見えないが、襖は開けたままになっているからなにか危険があれば音でわかる。

きっとなにか自分で考えた一人遊びをしているのだろう。

にこにこしながらおもちゃを和室に運んではまた別のおもちゃを取りに来るTちゃんのようすを、M子さんは昼食の準備をしながら見ていた。

Tちゃんは M子さん夫婦双方の両親にとって初孫ということもあり、おもちゃ箱には祖父母が買ってくれたおもちゃが溢れんばかりに入っている。

飛行機や自動車などの乗り物もたくさんあるが、ロボットやぬいぐるみといった人形タイプのおもちゃばかりを選んで運んでいるようだ。

(それにしても、一体なにをしているのだろう)

M子さんは昼食の準備を終えると、和室のようすを見に行った。

すると、部屋の真ん中辺りに、ロボットやぬいぐるみが綺麗に並べられていた。

全部で十二、三体ほどあるだろうか。

深緑色の畳の縁に沿って二列に整列している。

「なにこれっ」

朝礼や運動会の整列を真似ているのだろうか。しかしTちゃんはまだ二歳で幼稚園にも通っていない。

一緒に幼児向けのテレビを見ることもあるが、整列した子どもが並んで歩くシーンがあっただろうか。もしあったとしても、それを二歳のTちゃんが理解をして真似て遊ぶことがあるのだろうか。

並べられたおもちゃひとつひとつは日頃から見慣れた物ばかりだ。しかしそれらが意志を持ったように前を向いて整列しているようすは、なんともいい難い異様さがある。

定規をあてて並べたかのように整然と並ぶおもちゃの列。

先頭にはクマと猫のぬいぐるみが並び、そのうしろには積み木がきちんと正方形に収まるように積まれている。

そしてまた二列に整列したソフビの怪獣やぬいぐるみ、ロボットなどが続く。

形状的に自立など不可能なぬいぐるみまでもが、しっかりと立っている。

「なんでっ」

思わず声が出るのと同時に、二の腕が粟立った。

(見覚えがある)

いつだったか、どこだったかと考えるうちに、ふと古い記憶がよみがえった。

子どもの頃、祖父の家に遊びに行ったときに見せてもらったアルバムに貼ってあったモノクロ写真だ。田んぼに挟まれた土手の道を、何人もの大人が二列に並んで歩いていた。

これはなにをしている写真なのか、と祖父に訊ねると、お葬式のあと亡くなった人を埋葬するために墓地まで送る葬列だと教わったことを思い出した。


「……野辺おくり」

そう呟いた瞬間、二列に整列していたおもちゃがばたばたと倒れた。


Tちゃんがその遊びをしたのはその一度きりだった。

そのことと、その翌月、Tちゃんに会いたがっていたM子さんの祖父が脳出血で急逝したことに関係があるのかないのかはわからないという。

岩風呂の宿

五十代の女性M美さんは独身の頃、学生時代からの親友T子さんと二人で温泉巡りの旅行に凝《こ》ったことがある。折しも温泉がブームだった時期と重なるという。

お互いの仕事の都合上、車を使った一泊旅行というスタイルが多かった。

必然的に一日で辿り着ける範囲に限られたが、温泉自体が目的ならば意外と遠くまで行けたそうだ。

三か月に二回ほどのペースで、誰もが知る有名な温泉ばかりでなく、秘湯と呼ばれる温泉にも行った。


あの年の秋のこと。

二人は西日本のとある温泉に向かった。

山深い場所に開けた歴史ある温泉街で、団体ツアー客が滞在するようなホテルタイプの宿もあれば、昔からある小ぢんまりとした老舗《しにせ》旅館もあった。

ネットのなかった当時、宿の予約をするには主に旅行代理店を通すか、自分で宿に電話をするかだったが、直接現地に赴《おもむ》き観光案内所で宿を紹介してもらうこともできた。

その日は特に予定を立てず、何か所か観光したあと温泉に着いてから宿を決めることにしていた。

観光案内所に向かったのは午後三時過ぎだったという。

ところが、その日は思ったよりも賑わっていたようで、空きがあるのは有名な老舗旅館一軒だけとのこと。

提示されたパンフレットの写真を見るだけで料金が高いことがわかる。

困ったな、と二人で顔を見合わせていると、観光案内所のスタッフがその老舗旅館になにやら交渉してくれたようで、予算を少し超えるだけの料金で宿泊できることになった。

「料理の内容で調整してくれるそうだから」とのことであった。

周辺の名所を見ながら時間を潰し、宿に着いたのは午後五時の少し前だった。

山間の日暮れは早い。周囲はすでに暗く、外灯の明かりが風情ある旅館のシルエットを浮かび上がらせていたという。

隣接する駐車場に車を停め、旅館の前庭まで歩いてきたとき、うしろから坊主頭の少年が二人やってきた。

暗くてはっきりと見えなかったが、背格好から中学生のように見えた。

（野球少年ね）

M美さんは、いまどき珍しいほどの少年然とした二人を見てそう思ったという。

少年たちは軽く頭を下げてM美さんたちを追い抜くと、そのまま玄関の中に入っていった。

M美さんは、その二人をこの旅館のアルバイトなのだろうと思った。温泉地ではそこに生まれ育った中高生が裏方仕事のアルバイトをしている姿をよく見かける。宿のオーナーと働く若者の親が顔見知りならば、なるほど安心なアルバイトであろう。

玄関に着くと女将と仲居さんが出迎えてくれた。

歴史を感じさせる黒光りする廊下。ガラスの入った窓からは、漏れ出る明かりに照らされて手入れの行き届いた中庭が見えたという。

部屋に通されて荷物を下ろしていると、

「今日はひと組団体が入ってますけど、男の人ばかりの団体だからお風呂はゆっくり入ってもらえますよ」

と仲居さんがお茶を淹れてくれた。

男ばかりの団体と聞いて、騒がしいのは嫌だなと思っていると、それを察したのか、仲居さんは、

「昔、兵隊さんだった方の同窓会のような集まりなんですよ」

と続けた。お年寄りばかりの紳士的な団体とのことであった。

夕食までのあいだに、二人はさっそく温泉に入ることにした。

宿の自慢でもある岩風呂は、天然の巨石を使った見事なものであった。

露天ではなく屋内だったが、黒く艶のある巨石が、正面と左右に天井まで積み上げられている。圧倒されるような重圧感があった。

「ちょっと熱いね」

雰囲気は素晴らしいのだがお湯の温度がかなり高い。一分も浸かっていれば皮膚が真っ赤になるくらいだった。ここまで熱い湯は経験がない。

湯船の周囲に湯をうめるための蛇口を探してみたが見当たらない。

「これだけ熱いとお年寄りは心臓麻痺を起こすよね」

「死ぬかもしれないよね」

二人は冗談交じりに苦い笑いを漏らした。

夕食後、寝る前にもう一度風呂に入ったが、湯はやはり熱いままで、ここはこういうも

のなのだろうと二人で納得したという。

翌朝のこと。

部屋に朝食が運ばれてきた。

「お風呂はどうでしたか」

「ちょっと熱かったけれど、いままで見た中でいちばん素晴らしい岩風呂でした」

仲居さんは「ここのお湯は熱いんですよ」といったあと、ところで、と少しまじめな顔をした。

「昨夜は眠れなかったでしょう。騒がしくして申し訳ありませんでしたね」

「いえいえ、よく眠れましたよ」とT子さん。M美さんも、道中の心地よい疲れも手伝ってぐっすりと眠れたと答えた。

「なにかあったんですか」

「じつは……」

団体客の中の一人、つまり兵隊さんの同窓会に参加していた人が、浴場で倒れて救急車で運ばれたとのことであった。

宿の中はちょっとした騒ぎになったのだという。

「残念ながらお亡くなりになったようです」

宿泊中の宿でそのような出来事に遭遇したことはなかったので、二人はたいそう驚いた。

同時に、浴場でお年寄りを揶揄《やゆ》した冗談を交わしたことを後悔したという。

宿を出て駐車場へ向かいながら、M美さんはふと昨日すれ違った少年たちのことを思い出した。

「あの子たち、今日バイトに来たらびっくりするだろうね」

夜中は家に帰っているだろうから昨夜の騒動は知らないはずだ。

するとT子さんは怪訝な顔をする。

「あの子たちって?」

「玄関で私たちを追い越していった中学生くらいの男の子よ」

「そんな子たちっていたかな」

まったく覚えがないという。

「ほらっ、真っ黒に日焼けした丸坊主の……野球少年の……」

といいかけて、M美さんは首をかしげた。

(アルバイトの子が正面玄関から出入りするかしら)

二人のことをよく思い出そうとした。

M美さんはもう一度T子さんに、少年たちを見なかったのかと訊いた。

そんな子たちはいなかった、とT子さんは断言する。

怖い話が苦手な彼女は「気持ちの悪いことをいわないでよ」といまにも怒り出しそうだ。

ならばあの二人は自分にだけ見えていたことになる。

（ああ、そうなのか。もしかしたら……）

M美さんは自分の勘違いと思い込みに気づいた。

薄暗くてはっきりとは見えなかったが、もしかしたら、少年たちの足元、野球のストッキングに見えたのは軍服のゲートルだったのではなかったのか。

そして、小柄で痩せていたけれど、二人は立派な青年だったのではないかと——。

（あの二人の少年は、古い友人を迎えに来てあげたのね）

M美さんはそう確信したが、T子さんにはなにもいわなかったという。

姉妹

S子さんが大学生のとき、同居するお祖母さんと二人でY県にある総合病院まで行くことになった。そこに入院しているお祖母さんの妹、つまりS子さんからすれば大叔母にあたるT代さんを見舞うためである。

お祖母さんとT代さんはひと回り歳が違う。姉妹の両親が早くに亡くなったため、姉であるお祖母さんがT代さんの親代わりとなって暮らしてきたと聞く。

やがて社会人となったT代さんは縁あってY県に嫁いだ。いまではお互い孫にも恵まれて平穏な生活を送っているが、気軽に行き来できる距離でないというのが唯一残念なことだという。

数年前、そんなT代さんに小さな癌が見つかった。

以来、何度か短期間の入院をしながら抗癌治療を続けていたようだが、今回の入院に際してはT代さんの家族もなにか思うところがあったのか、どこかあらたまった連絡をよこしてきたのだった。

お祖母さんは、すぐにでも会いに行きたいといった。

S子さんの両親は、来月の連休にでも一緒に見舞いに行こうとなだめたが、日頃は大人しい性格のお祖母さんが、なんとしてでもすぐに会いに行きたいと譲らない。

Y県にある病院までは新幹線と在来線を乗り継ぎ、最寄りの駅からはバスかタクシーを使う。別段難しい行程ではないが、歳相応に足腰も弱っているうえに、最近の乗り物のシステムにも疎い八十代半ばの老人を一人で行かせるのは心許ない。

どうしても都合がつかない両親は、S子さんにお伴を頼んだ。

直近の土日を使い、ビジネスホテルに一泊すれば、とんぼ返りの日程になるものの、お祖母さんの願いを叶えてあげられる。

お祖母さんと二人で遠くに出かけるのは初めてだな、と思いながらS子さんは快諾したという。


当日は夕方遅い時間に到着するため、病院には翌日見舞うことにした。

T代さんは予想していたよりも深刻な状態にあった。

何本ものチューブが身体から伸び、弱々しい呼吸が酸素マスクを小さく曇らせていた。

意識はあるようだが、うつらうつらしているようだ。

「T代、気分はどう？」

お祖母さんが声を掛けると、T代さんはお祖母さんを見つめて、ゆっくりとした瞬きで応えた。

病室にはT代さんの義娘にあたるおばさんが付き添っていたが、S子さんとおばさんは席を外して歓談室に行き、缶コーヒーを飲んだ。おばさんがいうには、やはりT代さんの状態は良くないとのことだった。

お祖母さんはベッドの横の椅子に腰掛け、ずっと言葉をかけながら、長いあいだT代さんの身体を優しく擦っていたという。


やがて帰る時間が迫った。

病院の正面玄関のすぐ近くにバス停があり、タイミング良くバスが停車していた。

お祖母さんが窓側に座り、S子さんは通路側に座った。

発車時間までまだ時間があるのか、バスの中はがらんとしている。

「もうこれが最後になるねえ」

お祖母さんは窓の外を見ながら寂しそうに呟いた。

徐々に席が埋まっていき、見舞客と入院患者や付き添いの人たちが車窓を挟んで挨拶をしている。

S子さんがお祖母さんの身体越しに何気なく窓の外を眺めていると、窓の下に誰かが立っているのが見えた。おばさんが見送りに出てきてくれたのだろうか。もしそうなら自分も挨拶をするべきだろう。

お祖母さんはおばさんに気づかないのか、ぼんやりと窓の外を眺めている。

S子さんはお祖母さんの横まで身を乗り出すと、あらためて外の人物に目を凝らした。

「あっ」

そこにいたのは、T代さんだった。

病院の寝巻ではなく、上品な和服をきちんと着たT代さんが、微笑みながらお祖母さんを見上げている。

ベッドに寝ているT代さんの魂だけが、肉体を抜け出してお祖母さんに別れをいいに来たのだろうか。

「T代さんがいる」

自然と口から出た。

「そうなのかい」

お祖母さんには見えないようだった。が、S子さんの言葉を疑うようすもなく、

「ありがとうね」

S子さんに対してなのかT代さんに対してなのか、そう小さく呟くと、深い皺の刻まれた細い手を静かに合わせた。

やがてバスが動き出した。

T代さんはお祖母さんを愛しげに見つめたあと、ゆっくりと深くお辞儀をした。

そして頭を上げながら空気に溶けるように消えたという。

二日後、T代さんは静かに息を引き取ったそうだ。

玄関に立つ子ども

そこは医師と看護師スタッフあわせて六、七人の小さな病院だったという。

主な患者は、高血圧やコレステロールの薬を定期的に貰いにくる老人や、風邪や腹痛で訪れる近所の住人である。

たちまち生命に関わるような病気の患者はいなかったが、そうした兆候が見られた場合はすぐに大きな病院を紹介していたという。

「もし自動ドアの外の玄関ポーチに女の子が立っていたら教えてね」

当時三十代だった女性Hさんが医療事務員として初めて出勤した日、この病院に二十数年務めているというベテラン看護師のT子さんからそういわれた。

女の子とはスタッフの子どもか来院する患者の家族で、誰かを迎えに来るのだろうか。

女の子は病院の中に入れない事情でもあるのだろうかと思ったが、他にも覚えなければならないことが山積みだったために、多くを訊ねることなく「わかりました」とだけ答えたそうだ。

ところが、この子では、と思しき女の子はなかなか現れなかった。

もしかして見逃しているのだろうかと気になり始めた。だとしても、なにか問題が起きたとも聞かない。

ふた月あまりが過ぎた頃、

「T子さんのいう女の子って、私まだ一度も見ていないのですが、来ていましたか」

Hさんは他の看護師たちに訊いてみた。

「ああ、女の子ね。わたしは視えないから……」

「でも出てきてないと思うよ」

と、彼女たちはおかしな返事をした。

自分の質問がうまく伝わらなかったのだろうか。

そもそも女の子というだけでは指示が漠然としすぎているし、そもそもどんな要件で病院を訪れるのかわからない。

けれどもみんなが「来てない」というのなら、玄関に立っていたら報せるといういいつけを怠ったわけではない。Hさんはひとまず安心した。

それから何日か経ったある日のこと。

その日は雨模様の一日だったが、夕方になって突然雨足が強くなった。

受付から薄暗い玄関の外を見やると、雨粒が道路に飛沫を上げている。

そんな中一人の老人が玄関ポーチの屋根の下で傘をすぼめていた。

男性はAさんという定期的に血圧の薬を貰いにくる患者だ。

そのうしろに小学校の低学年くらいの女の子の足が見えた。

雨にもかかわらず赤いズック靴を履いている。たぶん白い靴下もずぶ濡れだろう。

Aさんと一緒に来たお孫さんだろうか、と思ってすぐにはっとした。

(もしかして、あの子がT子さんのいう女の子だろうか)

Aさんが閉じた傘の雫をバサバサと振ると、その動きに反応して自動ドアが開いた。

Aさんは「ああ、えらい目に遭った」とぼやきながら院内に入ってきたが、女の子はそのまま同じ場所にいる。

「えっ？」

女の子の膝から上がない。

膝から腿の辺りにかけてグラデーションを掛けたように、雨に煙る周囲に溶けこんでいる。膝から上は透けていて見えないのか、そもそもないのかわからない。

Hさんは、女の子について訊ねたときの看護師たちの不可解な返答の理由がわかった。

本当にこんなことがあるのか、と思うと身体が震えたという。

「たぶん、おっしゃっていた女の子がいました（足だけですが）」

Hさんは T子さんに報告をした。

「そう。ありがとう」

T子さんは、幾分表情を引き締めてもう一人のベテラン看護師になにか耳打ちをした。

その後二人は普段通りに業務を続けていたが、なにか覚悟のような心情を秘めた緊張感が漂っていたという。

その日、医師は Aさんに対して総合病院への紹介状を認《したた》めた。

普段の高血圧の診察とは別に、このところの体調不良を受けて大きな病院での検査を勧めることになったのだ。

検査の結果、癌が見つかり、Aさんはそれからわずか数か月後に亡くなった。

Hさんがその病院に勤めた何年かのあいだに、同じようなことが数回あったそうだ。

アンカーボルト

Mさんの実家は小さな鉄工所を営んでいた。

旋盤やボール盤などの機械を使い、真鍮や鋳物を加工して図面通りに製品を削り出す。作っていたのは主に船舶などに使用されるバルブの部品だった。

基本父親が一人で操業し、可能な限り母親も手伝っていたという。

作業場であるコウバ（工場）と住居は同じ建物にあり、通りに面したコンクリートの土間がコウバ、その奥に狭い居間がひと間と水周りがあり、二階が主な住居スペースになっていた。

Mさんが子どもの頃は、地場産業でもある工業製品の下請けをする、そうした住居とコウバが一体となった町工場が何軒もあったそうだ。

当時は業界の景気もよく仕事が途絶えることがなかったから、両親にあまり構ってもらえなかったとのこと。

特にMさんの家のような下請けは、期日的にどんなに厳しい注文だとしても受けなければば次はない。

だから記憶の中の父親は、平日も日曜も関係なくいつも仕事をしていたという。昼はコウバで立ったまま握り飯を頬ばったかと思うと、夜も数分で食事を終え、夜中まで機械を動かすことも度々だった。

いまならば町中で深夜まで機械を動かすとなれば騒音の問題もあるだろうが、当時は、それぞれ生活のためなのだからお互い様だと考える風潮があったという。

Mさんも小学生の高学年の頃から簡単な作業を手伝うようになり、中学生のときには旋盤《せんばん》も扱えるようになっていた。時折コウバを手伝ってはバイト代を貰ったそうだ。ダイヤルのついたレバーを左右の手それぞれ異なる動作で操るのが面白かったという。

そんなMさんだったが、学校を出ると家業を継がずに会社員になった。

父親は鉄工所の仕事の厳しさを身に染みて知っていたから、鉄工所ははじめから自分一代で畳むつもりでいたそうだ。

父親はMさんが独立してからも変わらず一人で仕事を続けていたが、やがて歳を重ねるのと歩調を合わせるように受注も減り、景気の良かった若い頃のように寝食を忘れて働くようなこともなくなった。

Mさんが四十代の半ばに差し掛かったとき、その父親が突然亡くなった。入浴中に倒れ、救急車が到着したときにはすでに息がなかったそうだ。脳出血、まだ七十代半ばであった。

慌ただしく葬儀を終え、父親が受けていた注文の未納分を同業の知人に託して一段落ついた頃、Mさんは近所の住人のあいだにある噂が立っていることを知った。

コウバは間口いっぱいにサッシの引き戸が設えられてあり、夜はカーテンを閉めるが、昼間は若干薄暗いものの通りから中が見える。

噂というのは、コウバの前を自転車や徒歩で通った近所の人がふと中を覗くと、死んだはずの父親が旋盤の前に立っている。通りからはその背中しか見えないが、いつもと同じように鼠色の作業服を着て旋盤を操作している、というものだった。

長年見慣れた姿のため、一旦はその光景を受け入れてしまうのだが、次の瞬間、ふと我に返ってぞっとするのだという。

ただし、そのときにはもう父親の姿は消えている。

噂は、悪意や揶揄を含んだものではなく、むしろ父親を親しく想う近所の住民たちの他愛無い話なのだと、気心の知れた町内の奥さんがそのことを教えてくれたのだった。

「わたしたちの前には出てきてくれんのやね」

母親は残念そうにいった。

コウバといっても住居の一階部分なのだから、さほど広さがあるわけではない。

廃業を決めた他の鉄工所を見ても、コウバの跡は、物置を兼ねた土間のままにしてあるか、そのスペースにもうひと部屋造るかといった感じである。

家族で話し合った結果、とりあえずコウバにある機械を処分することにした。

中古機械を扱う専門の業者に連絡を取ると、Mさんの父親が使っていたコンピューター制御ではない古いタイプの旋盤でも買い取ってくれるという。

業者が機械を引き取りに来る日、Mさんも立ち会うことになった。

クレーンが装備された重量運搬車がコウバの前に来て、その車体が狭い道を塞いだのを見たとき、なんともいえない寂しい気持ちになったという。

コウバの中の機械は、運転手を含む四人の作業員によって首尾よく搬出された。思っていたよりも作業は早く終わりそうだった。

そして最後の一台。

父親がメインに使用してきたもっとも大きな旋盤が運び出されることになった。

コウバにある機械はそれぞれコンクリートの床に埋め込まれた太いビスで床に固定され

ている。

振動などで動かないようにするためのアンカーボルトというものだ。わかりやすいところでは、転倒防止のために施された自動販売機の足元にも見ることができる。

作業員が最後の一台のアンカーボルトのナットを緩めにかかった。

大きなスパナを使って力を込める。

ところが、

「あれっ？　あれっ？」

と首をかしげている。

屈強なベテラン作業員が渾身の力を込めているにもかかわらず、最後の一箇所だけ、ナットがまったく回らないのだ。しかし、その一箇所だけが錆びついて癒着していたり、斜めになってネジ山を噛んだりしているわけでもなさそうである。

「ああ、旋盤が行きとうない、動くのが嫌やていうとるわ」

スパナを持った作業員がいった。するともう一人が、

「それとも親父さんが『持っていかんといてくれ』いうてはるか」

といいながら、背中越しに覗き込んだ。

Mさんは彼らが冗談をいっているのかと思ったが、まんざらそうでもなく、こういうこ

ともたまにあるのだ、ということを真顔で母親に話している。

母親は、

「そうですか。この旋盤はおとうさんの命みたいなものでしたから」

というと、幾分鼻声になりながら、

「なまんだぶ、なまんだぶ。おとうさん、もうゆっくり休んでくれたらええんよ」

と、手を合わせた。

すると、配線をすべて外してあるにもかかわらず、旋盤の小さなパイロットランプがふわりと橙色に灯ってすぐに消えた。

それを見てその場にいた皆が「あっ」と声を出した。

と同時に、片膝立ちで屈みこんでいた作業員の肩がぐっと動いた。

ギッ、ギギーッ。

ナットの最後のひとつが、悲し気な音を立てて回ったのだった。

最後の旋盤が運び出されたあと、地面に残るとつまずいて危険ということで、コンクリートの床から頭を出しているアンカーボルトもすべて掘り出された。

機械が運び出されたコウバは、ひんやりとして静かで、そして思っていたよりもずっと狭かった。

機械がなくなったことで父親も諦めがついたのか、あるいは、伽藍洞になったコウバを気に掛ける人もいなくなったのか、その後、コウバに亡くなった父親が現れるという噂はすぐに収束したようだった。

アンカーボルトを一本だけ手元に残したMさんは、それを綺麗に磨いて父親の遺影の横に置いてあげたという。

Kくんの場合

Kくんの仕事は解体業である。

主な仕事は民家の解体で、更地にするために古い家屋を取り壊したり、同じ土地に新しく家屋を建て直すために建物を撤去したりする。

以前は父親が「一人親方」で営んでいたのだが、高校を出たKくんが何年か前から手伝うようになった。現在社員は二人で、父親が社長、Kくんが専務である。

解体といってもただ闇雲に家を壊せばいいわけではなく、作業の安全性や廃材の搬出を見越した段取りがあるという。

そうしたことにも徐々に慣れ、いまでは小さな空き家の解体にはKくん一人で出向くようになった。

ユンボと呼ばれる小型の油圧ショベルに乗り込んで作業をする。アームの先端を大きな蟹のハサミのような破砕機に取り換えることで、木造の家などは苦労なく解体できるのだそうだ。

社長である父親のいいつけ通り、家を壊すときは「これから壊します。失礼します」と一言家に挨拶をしてから作業に入ることにしているという。

多くの場合は、家屋を壊す前に家主や関係者がお祓いのようなことをしたり、それぞれが家への長年の感謝の気持ちを口にしたりする。

そうすることで「人間と家の双方の覚悟が決まる」というのは父親の言だが、場合によっては長く空き家になっているうちに、関係者がそばにいないということも出てくる。

かつて老夫婦が住んでいたが、二人ともが施設に入居し、そのまま戻ることなく亡くなってしまうということも少なくないからである。

柱でも壁でもいいのだが、ハンマーや木槌で軽くトントンと叩く。そうして音を立てることで、神様やそこに留まる者を巻き込まないように、どいてもらうのだそうだ。

あくまでも個人的な拘りとのことだが、その辺りをおざなりにすると、ユンボが原因不明の故障を起こしたり、作業中に思わぬ怪我をしたりすることがあるのだという。

その日の現場は、築五十年を超えると思しき平屋だった。

家の中は粗方片づけられていたが、そのまま一緒に粉砕して処分すべく一部の家財道具も残されていた。

時間が止まったような室内には、古い日付の色褪せたカレンダーが貼ってあり、茶箪笥の中には、旅行のお土産であろうマスコットが残っていた。

ジョートケーキを端から少しずつ大切に食べるときのように、家屋を解体していく。

ユンボのブームを上げて少し進むと、奥の間には小さな床の間があるのが見えた。

ここにかつて仏壇があったのだろう、ふと、そんなことを思うともなしに思った瞬間、ガクンと小さな衝撃がありユンボが停止した。

床の間の前の、畳を上げた床板に、こちらに背中を向けて正座をする人影が見えた。

薄暗いためにはっきりとは見えないが、老齢の男女のようだ。

――ここに住んでいた人だろう。

Kくんは瞬時にそう思った。同時に、そこにいるはずのない人たちだ、と。

目をぎゅっと瞑り、頭を二、三度振ったあと、ゆっくりと目を開けた。

二人はこちらを向いていた。

暗い色の和服を着ているようだが、表情は見えない。

「すみません。お家、壊させていただきますね」

Kくんは二人に向かってそういうと、再びユンボを起動させた。

すると、二人はすっと薄闇に溶けるようにして消えたという。

「親父に、今日こんなことがあった、と話すこともありますけど『そうか』というだけですね」

Ｋくんはそういって笑う。

元々怖がりで子どもの頃から幽霊の類は大嫌いだというが、プロとしての矜持《きょうじ》と、家屋やそこに暮らした人への敬意からであろう、現場でそうしたことがあってもあまり怖いとは思わなくなったそうだ。

訪問販売

S子さんは現在七十代半ば。

二年前にご主人が亡くなってからは一人暮らしだという。

ある日、玄関のベルが鳴り出てみると、一人の男性が引き戸の向こうにいた。

すりガラスを通して見える背格好や「こんにちは」という声の感じから若い男性のようだ。

「どちら様ですか」と問うと「自治会の……」という言葉が聞こえた。

この町内も若い人が少なくなり寂しい思いをしていたけれど、誰か新しい人が越してきたのだろう。もしかしたらさっそくなにか役をしてくれているのかもしれない。そう考えたS子さんは、鍵を開けて、どうぞと招き入れた。

男は、S子さんがまだ引き戸を開けきっていないうちから、身体をねじ込むようにして玄関に入ってくると、

「お母さんは一人暮らしですか」

と訊いた。

男はくたびれたスーツ姿でビジネス鞄をさげていた。

男が自治会とは関係なく、なにかの訪問販売員だということはすぐにわかった。

安易に鍵を開けて中に招いた迂闊さを悔やんだがすでに遅い。

S子さんは男の問いに答えずにいたが、それは一人暮らしだといっているようなものだった。

男はパンフレットを取り出し、高齢者向けの健康食品を勧め始めた。メーカー名も述べたが、聞いたこともない会社だった。

健康に不安がないわけではないが、どこの誰かもわからない人間から高額の健康食品を買うつもりはない。

いまからでも主人と二人で暮らしている、主人は奥にいる、と嘘をつこうかと考えたが、ならば呼んでこいといわれかねない。

「申し訳ないけど、結構です」

S子さんは男に何度もそう断った。

しかし当然のことながら男は引き下がろうとしない。

すると、奥のほうから、

「いらないといっているだろう。いい加減にしなさい」

という、男性の大きな声が聞こえた。

「えっ？」

S子さんは思わず振り返り、男は思わぬ状況に口ごもった。

男は奥の部屋から聞こえた怒気を含んだ声に怯んだようだった。

一方、S子さんはといえば——。

その声の主に思い当たったとたん、涙が溢れて止まらなくなった。

男は、声がした奥の部屋のほうを警戒しながらパンフレットを乱暴に鞄にしまうと、

「健康になりたくない人を初めて見ました」

と、捨て台詞を吐いて出ていった。


S子さんはほっとして玄関の鍵を掛けなおすと、仏壇のある和室に向かった。

「助けてくれてありがとう」

そういって、ご主人の遺影に手を合わせたという。

亡くなったご主人にまつわる不思議な出来事は、いまのところその一度だけだそうだ。

音

「ねずみがいるのかと思いました。田舎町のことですから、もしかしたらイタチかもしれないとも思いましたが」

Sさんは四十代の会社員で、奥さんと小学生の娘さんとの三人家族。

あるときから家で変な音がするようになったという。

夜、二階の自室で趣味の音楽を聴いていると、決まって天井の隅の辺りから、

カリッ……、コリッ……。

と、げっ歯類の小さな生き物が木材をかじるような音がするのである。

しかも、かなり大きくはっきりと聞こえる。

(どこからか動物が入り込んだのだろうか)

以前も一度天井裏にねずみの巣を作られたことがある。そのときは深夜に天井裏を走り回る音に困ったし、駆除にも骨を折った。

とはいうものの、今回は前回のねずみとは異なり、なんともいえない違和感がある。

カリッと音がしたあとの次の一音までの間隔が長いのである。

そうした小動物の生態に詳しいわけではないが、ねずみやイタチが家の木材をかじっているのならば経験上もっとカリカリカリ、とせわしい音がするはずである。

さらに不思議なのは、Sさんが寝る頃には嘘のように静かになることだった。


その夜も、カリッと音がし始めた。

Sさんがようやくひと息ついたリラックスタイム。またしてもCDをセットして音楽が流れ始めるのとほぼ同時に、である。

(俺が寛ごうとするタイミングを待って邪魔をする気なのか)

こうなると音が気になって音楽も楽しめない。

いつもと同じ木材をかじるような音で、ひとつの音がする間隔がやはり長い。

(あれっ?)

Sさんは、音と音の間隔が一定だということに気づいた。

タイマーかメトロノームを見ながらではないかと思うくらいに間隔が正確なのである。

カリッ……コリッ……カリッ……コリッ……。

――メトロノーム。

という イメージが浮かんだ瞬間、背中を冷たいものが駆け上がった。

音楽に合わせて天井の音が鳴っているのか！

まるで、音楽に合わせて手拍子を打つように……。

Sさんは再生中のCDのケースをあらためて見つめた。

友人が先日「これ良いよ」と貸してくれた、東南アジアの民族音楽を集めたオムニバス・アルバムだった。

ヒーリング効果もあると聞いて、貸してもらってからこのアルバムばかりを聴いている。

考えてみると、天井の隅から音がしだした時期に重なる気もする。

ためしにCDデッキの停止スイッチにそっと指を伸ばし、突然音楽を消してみた。

件の音は、不意打ちをくらったように一回だけ多くカリッと鳴って止んだという。

箪笥

Y子さんが中学生だったときの話。

ある日の夕方、学校から帰ってきたY子さんの足が玄関の前で止まった。

最初はいいようのない違和感だった。

なんだろう、と思った次の瞬間、足がすくんだ。

——嫌だ。入りたくない。

自分の中のなにかが、家に入るのを引き留めるような感覚だった。

といって、いつまでも家の前でじっとしているわけにもいかない。

部活でいつもより疲れたからそんな気持ちになったに違いない、と自分に言い聞かせながら玄関の戸を開けた。

「ただいま」

Y子さんはそういって自分の部屋に行こうとした。

ふと玄関横の居間を見やると、いくつかの大きな物が蛍光灯の明かりを遮るかのように黒々と立っていた。

見れば大小三棹《さお》の箪笥だった。

「なにこれ」

Y子さんは母親に訊ねた。

「これね、ときどきパート先に来る業者の人が、お金は要らないから誰か貰ってくれないかって。まだ新しくて綺麗だっていうから貰ったのよ」

確かにまだ綺麗だ、というよりほぼ未使用ではないのか。

黒光りする箪笥に映る微かに歪んだ自分の影が、自分でないように見える。

Y子さんが湧き上がる不安をうまく言葉にできずにいると、一歳下の弟が箪笥を擦りながら言った。

「婚礼三点セットなんだって」

Y子さんはその言葉を聞いた瞬間、床が一瞬大きく沈み込んだかのような眩暈を覚えた。

箪笥はすべて二階のY子さんの部屋の隣の普段使わない部屋に置くことになった。

それからというもの、Y子さんは学校から帰ってきても家に入るのが嫌になった。

いうまでもなく、家族関係に問題が生じたわけではなく自宅はこれまで通り心休まる場所のはずである。

それなのに玄関に立つと足がすくむのである。

弟に「あの箪笥、なんだか気持ち悪くない？」と訊いてみたが、弟はなんともないという。そもそもなんの興味も抱いていないようであった。

やがて黒い大きな影が覆いかぶさるような不穏なイメージがY子さんの心の中に居座るようになった。

箪笥のある部屋の襖は普段閉められていたが、どうしても中が気になってしまう。

自分の家なのに怖いと思うことが悔しい。

ある夜、Y子さんは思い切って襖を「えいっ」と一気に開けた。

箪笥の前に知らない女が立っていた。

Y子さんは思わず悲鳴をあげた。

すると、女はY子さんの悲鳴に反応するようにすっと消えた。

暗くて表情まではわからないが、髪の長い、若い女性だったという。

日曜日の午後、弟が同じクラスのガールフレンドを家に連れてくることになった。宿題を一緒にする約束をしたのだという。

ところが、家の前まで来ると、ガールフレンドはガタガタと震えだし、

「ごめんなさい、私○○君の家に入れない」と泣き出してしまった。

二人は仕方なく近くの図書館に場を移した。

あとになって、ガールフレンドは目に見えない存在に対して敏感な体質だということを聞いた。

彼女曰く、

「来るな、近づくな」

と、玄関にいる女が憤怒の形相で叫んでいたとのことであった。

そんなことが続き、ついにY子さんの両親は、地元に住むいわゆる霊能力者とされる女性を頼り、家を見てもらうことにした。

彼女は、結婚をしてすぐに自分の意志に反して強制的に別れさせられた若い女性が箪笥に憑いている、といった。

「女性はいまも生きていて、毎日泣いています」

三点セットは、どう部屋を整理しても置く場所がない、と頭を下げて元の持ち主に返したという。

せんたっき

六十代のY代さんが小学校の低学年だったときのことだというから、昭和三十年代の話になる。

ある日、お父さんが仕事関係の知人から中古の洗濯機を譲り受けてきた。

知人も誰かから貰った物らしく、家にはすでに一台あるからと、Y代さんのお父さんに洗濯機は要らないかと訊いてくれたのだという。

自分で持って帰るならお金は要らないとのことであった。

それまで、Y代さんの家では、金たらいと洗濯板を使って洗濯をしていた。

当時はまだ洗濯機を使っている家とそうでない家が半々くらいだったそうだ。

洗濯機は、住まいと外便所とのあいだの屋根のある土間に置かれた。

夜、便所に行くときに見える、裸電球の光の下に鎮座する白い洗濯機の存在が、なんだか誇らしかった。

お母さんが洗濯をするときには、洗濯槽を覗き込んで水がぐるぐると回るようすを飽きもせずに眺めていたという。

洗濯機が来て何日か経った頃。

Y子さんが夜、便所に行くと、洗濯機からゴン、ゴンと音が聞こえた。

こんな夜に洗濯をしているはずはないのだけど、と思いながら耳を澄ますと作動音にしてはどうも様子がおかしい。

音が途切れ途切れなのだ。

音がしたかと思うと、しばらく間が空く。そしてまた、ゴン、ゴンと少しこもったような音がする。

洗濯槽の中になにかがいて動いているようだ。

Y代さんは洗濯機に近づいて蓋を開けてみた。


すると、洗濯槽の中に知らないお婆さんが膝を抱えた状態で座っていた。

その姿は、以前お葬式でちらりと見た土葬の座棺と重なったという。

けれども、見たところお婆さんは死体ではないし、肩まで水に浸かっている。

息を呑んで動けずにいると、スイッチを触っていないのにゴトゴトと洗濯槽が回り始めた。

お婆さんはなぜか、縋るような目でY代さんを見ている。

(せんたっきが珍しいから、見ているうちに入りたくなったのかもしれない)

ならば、止めてあげなくては、出してあげなくては、とあわててスイッチを探した。

見ると、お婆さんの身体は洗濯槽の中でグルグルと回り続けているのに、顔はずっとこちらを向いている。

お婆さんはじっとY代さんを見上げていたが、次の瞬間、膝を抱いていた片方の手をすっと伸ばしてY代さんの腕をつかもうとした。

Y代さんは悲鳴をあげて家の中に逃げ帰ると、

「せんたっきの中に知らんお婆さんがいる。回ってる」

と、泣いて訴えた。

お父さんがすぐに見に行ったが、洗濯槽は空だったという。

八つ当たり

怖い話ではあるけれど、幽霊やお化けは出てこんよ。

そういって話を聞かせてくれたのは、今年七十三歳になるK江さんだ。


K江さんは二十一歳のときに、現在の家に隣村から嫁いできた。

親同士の知人の紹介による見合い結婚だったという。

いまは義両親も亡くなり二人の娘も嫁いで、ご主人と二人静かに暮らしておられる。

昭和二十年代のはじめに生まれたK江さんはいわゆる団塊の世代で、結婚した一九七〇年代は、新しい世代の新しい暮らしの様式が構築されつつある時代だった。

とはいえ、地方の田舎町、しかも夫の両親との同居生活である。

テレビや雑誌で見る新婚生活とは程遠いものがあった。

男尊女卑の考え方が当たり前のうえに、嫁姑の問題も容赦なく降りかかってきたという。

ある年の初夏、長女が二歳になる少し前のことだそうだ。

まだ下の娘は生まれていなかったという。

その日、Ｋ江さんは義母から理不尽な叱責を受けた。

そもそもは義母の不手際が原因のことだった。しかし、わざわざ近所の人の前でこれ見よがしに怒鳴られた。義母にはそうした底意地の悪いところがあった。

そのようなことは日常茶飯事だったので、詳しい経緯は憶えていない。

夕方、Ｋ江さんは気持ちを静めるために外をひと回り歩くことにした。

腹立たしさと情けなさに押しつぶされそうだったという。

当時、集落の中はメインとなる通りだけに粗末な舗装がしてあった。

車もほとんど通らないのにあちこちひびだらけで、割れ目からは黒い土が覗き雑草が生えていた。どれだけ薄い舗装なのか想像がつく。

うなだれて視線を足元に落としたＫ江さんは、子どもの一人遊びのように、道路に描かれた阿弥陀くじのような舗装のひびを踏まないように歩いていた。

すると、黒いひび割れの中に一本だけ茶色いひび割れが現れた。

茶色いひび割れは太くなり細くなりしながら路肩の土まで続いている。

よく見ると蟻の行列だった。

詳しい種類はわからないが、子どもが地面にお菓子の欠片を落としたときに、山のように集《たか》るよく見る小さな茶色の蟻だった。

虫の死骸かなにかを運んでいるのだろうと思った。

蟻には悩みはあるのだろうか。理不尽な目に遭って苦しんでいるものもいるのだろうか。

そんなことをふと思うと同時に、途轍もなく残忍な気持ちが沸き起こった。

「なにも悪いことをしていなくても嫌な目に遭わされることもあるのよ」

K江さんは草履の裏で、蟻の行列の一際太く集まった部分を踏んだ。

男の人が道路で煙草の火を消すときのように、右足に体重をかけてぐりぐりと蟻たちをすり潰す。

蟻たちは隊列を崩し、散り散りに進み始めた。

踏み潰された蟻は、頭も胴体もわからない茶色い粒となって舗装の凹凸にめり込んだという。

やがてふと我に返ったK江さんは、可哀そうなことをしたと悔やんだ。

あの蟻たちはあんな目に遭わされる謂れはないのだ。

腹立ちまぎれにつまらないことをした、と自己嫌悪に気分が沈んだ。

それから何日か経った日のこと。

K江さんは義母に呼びつけられた。

娘をどこかおかしな所で遊ばせたか、と訊く。

どういう意味かと問うと、義母は娘の脚を指さして「これよ」といった。

昨晩も今朝も気づかなかった。

右足の足首から膝辺りまで真っ赤に腫れている。腫れあがった部分は一ミリほどの湿疹で覆われているようだった。

タチの悪い毒虫に刺されたか、毒草に触ってかぶれたか。おそらくそんなところだと思うものの心当たりがない。

とりあえず、置き薬の軟膏を塗って様子を見ることにしたという。

湿疹は三日間ほど熱を持ったように腫れたままだった。猛烈に痒いらしく、長女は血が滲むまで右足を掻きむしった。

湿疹の頭から血が出てはかさぶたになり、また掻いて血がかさぶたになる。

湿疹で腫れた部分全体が、かさぶたの茶色い粒でみっしりと覆われた。

それを見たK江さんははっとした。

長女が掻いてぼろぼろと剥がれ落ちる茶色い粒をひとつ指でつまんでみる。

蟻の頭、だったという。

K江さんは心の中であらためて蟻に詫びた。

とりかえしのつかないことをしてしまったが、娘には罪はない。

「どうしていいかわからなかったから、蟻のいた辺りの路肩に砂糖菓子をいくつか置いて、ごめんなさい、ごめんなさいと心の底から詫びたのよ」

すると、その日の夜から嘘のように湿疹が治り始めたという。

「やっぱり無駄な殺生《せっしょう》はいけないのよ。わたしもゴキブリや蚊は殺すけれど、ときどきあのときのことを思い出してしまうわ」

どんなに小さな生命にも怒りや憎しみという感情はきっとある。

その感情がなんらかの拍子に怨念へとカタチを変えたときには、娘の湿疹などでは済まないような、普通の人間の手には到底負えない恐ろしいことになるのだろう。

K江さんはそう肝に銘じていままで生きてきたそうだ。

夏山と線香

五十代の女性Hさんは数年前まで、一年に数回、高校時代の友人Yさんと近場の山に登山に出かけていた。登山といっても千メートルにも満たない低山ばかりだから、実際はハイキングのようなものだったという。

女性同士、気が置けない昔からの友人と取りとめのない話をしながら汗をかく。それがなによりのストレス解消だった。

Hさんはまじめで優しい性格のYさんのことが好きだったが、一緒に山歩きをするにあたってひとつだけ気になることがあった。

Yさんはザックにいつも線香と百円ライターを入れている。

線香は仏壇に供える縦長の紙箱に入った普通の線香である。

山に入ると、時折雑木林の中で山道の脇にぽつんとある古い墓石を見かけることがあった。

Yさんはそうした、苔むし、傾き、一部が欠け土に埋もれた墓に出会うと、決まって足を止める。そして線香を焚いて手を合わせるのである。

「誰にも供養してもらえなくて気の毒じゃない。可哀そうだもの」

とYさんはいう。

見返りを求めない善意だということは、日頃の彼女を見ていればわかる。

しかし。

Hさんは一抹の不安とともに、賛同できずにいた。

「どこの誰のものか、いつのものかもわからないお墓をむやみに拝んだり、関わったりしてはいけない」

と、子どもの頃に異口同音、見聞きしたことがあるからだ。とはいえ、Yさんの行動を咎めることもできない。

(Yちゃんは悪いことをしているわけじゃない)

Hさんはそう自分に言い聞かせながら、少し離れた場所で待つのが常だった。

ある年の夏、二人はいつものように山に出かけた。

その日もYさんは古いお墓を見かけると、線香をあげ手を合わせた。

Hさんの目には、なんともいえない陰鬱な気配をまとった墓に見えたという。

夕方、麓の町まで戻ると二人は喫茶店に入った。

冷房の効いた店内でアイス・コーヒーを楽しみながら、今日の山は良かったね、などと話していたという。

すると、Yさんがおもむろにテーブルの端に置いてある灰皿を手元に寄せた。

(Yちゃん煙草を吸わないのになぜ)

Hさんが不思議に思っていると、Yさんはおしゃべりをしながら、まるで喫煙者のような自然な動きでザックから線香の箱とライターを取り出して、数本の線香を一束にして火を点けた。

そして線香を灰皿に置いたかと思うと、ほっとひと息というふうに目を細めた。

線香の匂いが周囲にふわりと漂う。

「ちょっと、なにしてるの?」

Hさんは思わず尖った声を出してしまった。

すると、Yさんは「あっ」と声を漏らすと、我に返ったようにあわてて火を消した。

「わたし、なにしてるんだろう」

Yさんは困惑した顔を見せた。

Hさんは Yさんが線香の箱をザックにしまうのを確認すると、さりげなく灰皿を自分のほうに引き寄せた。

しばらく話をしていると、Yさんは再びザックをごそごそと探って線香の箱を取り出した。

それが線香の箱でなくティッシュやハンカチだったならば、ごく普通の動作のひとつのように見えただろう。

また火を点けるつもりなのだろうか。しかし、ひとつしかない灰皿はHさんの手元まで引き寄せてある。

Yさんは線香の箱の蓋を開けると、線香を五、六本つまんで取り出した。

そして線香の両端を持つとそれを半分に折った。

そしてそれをまた半分に。

おしゃべりをしながら無意識に、というふうに。

「ちょっとっ」

それをどうするつもりなのか、と訊こうとしたときだった。

Yさんはそれを口に放り込んだ。

すぐに線香をポリポリとかみ砕く音が聞こえた。

Hさんは思わず身を乗り出して、おもちゃを口に入れた幼児にするようにYさんの口を指でこじ開けた。

緑色のどろりとした物が口の中に見えた。

その瞬間、

「邪魔をするな」

Hさんの耳元で、歳を取った男の声がした。

その日を最後にHさんはYさんと山に行っていない。

以来、Yさんが身体を悪くし、登山どころではなくなったからだそうだ。

同行者

ある年の秋のこと。

Kさんは奥さんを駅まで車で迎えに行くことになった。

その日は休日で、奥さんは数人の友人とともに買い物と食事を楽しんできたのだった。

夜、〈十時頃駅に着きます〉と携帯にメールが入った。

予定時刻の少し前に駅前のロータリーに着くと、迎えの車がすでに四、五台停まっていた。

Kさんはホームが見える位置に車を停めると、車の中から明るいホームをぼんやりと見ていたという。

やがて速度を落とした電車がホームに滑り込んできた。

終点の二駅前ということで、車内は空いているようだ。

降りる準備をした人たちが座席を立ち始めている。

さらに速度が落ちると、車両の中に奥さんの姿が見えた。

奥さんはドアの前に立っていて、ちょうどKさんから見える正面に止まった。

誰かと一緒にいるようだ。

車内でたまたま知人と会ったのだろう。今日一緒にいた友人たちは、すでに下車しているはずだからだ。

二人ともホームのほう、つまりこちらを向いて並んで立っている。

奥さんと一緒にいるのは男性のようだった。

男性は笑顔を向けて、奥さんになにか話している。

ドアが開くと、奥さんが先に降り、続いて男性が降りた。

(それにしても、誰だろう)

たまたま車内で面識のある人に会って、会話しながら帰ってきたということなのだろうが、どういう知り合いなのかが気になった。

男性はオレンジ色のマウンテン・ジャケットを着て、大きなザックを背負っている。全体の雰囲気から想像すると、年齢は自分たちと同じ四十代くらいだろうか。

カーキ色のハットを深くかぶっているので表情は窺えない。少なくとも日帰りハイキングをするような装備ではないことは素人のKさんにもわかった。

ただアウト・ドア系とは縁遠い奥さんとの接点がわからない。もしかしたら子どもの学校関係の知り合いなのかもしれないが。

駅舎の二階にある改札口に向かって乗客は階段を上っていく。

並んで歩いている奥さんと男性もその流れの中にいた。

しばらくすると、奥さんだけが階段を下りてきた。

ロータリーに停まっているKさんの車に気づいて、小さく手を振っている。

駅から屋外へ出る階段は左右に分かれているから、一緒にいた男性は向こう側に下りたのだろう。

奥さんは「ただいま」と助手席に乗り込んだ。

「ところで、さっき一緒にいた男の人、誰？」

「誰って？」

Kさんが電車の中のようすを話し、

「さっきまで一緒にいた登山の格好をした人だよ」

ともう一度訊いた。

「誰かと喋っていたじゃない」

「誰とも喋っていないわよ」

話が嚙み合わない。

「ほら、電車を降りる前にドアのところで横に並んで立っていた男の人だよ」

もしかしたら、ドアの前でたまたま並んで立っていたのを自分が勘違いしたのかもしれないと思いながらそう訊ねてみた。

「ドアの前にいたのは私だけだし、あのドアから降りたのも私だけよ」

謂れのない男性絡みの文句をいわれているように思ったのか、奥さんの語尾が強くなった。

ならば、あの男性は誰かという話ではなくなってくる。

Ｋさんはいましがた自分が目にしたことと、奥さんの言葉との齟齬《そご》をどう収拾すればいいのかわからなくなったが、その話は一旦打ち切って家へ帰ったという。

翌朝、奥さんは原因不明の高熱を出して仕事を休むことになった。

そして、そのことと関係があるのかどうかはわからないが、Ｋさんの車の後部座席の足元には、いつどこから入り込んだのか、擦り切れた紅葉と、登山靴の外底の溝の形に踏み固められた土の塊が、三つ四つ落ちていたという。

キューピッドさん

当時の小学生ならば誰でも一度くらいはやったことがあると思うのですが、と話してくれたのはU子さん。

小学五年生のときだというから、昭和四十年代の終わり頃のことになる。

当時「コックリさん」が話題になっていた。

小学生にはコックリさんはどこか怖いイメージがあり、自分たちよりも年長の人がするものだと思っていたという。

そのうちU子さんの住む地域の小学生のあいだで、コックリさんを子ども用にソフトナイズされた「キューピッドさん」が流行りだした。

U子さんの小学校も例外ではなく、高学年の女子の中には実際に自分たちでやってみる生徒も出てきた。

〈はい〉〈いいえ〉

そして〈あ〉から〈ん〉までを紙に書く。

キューピッドさんに正式な作法があるのかどうかはわからないが、彼女たちに限っては断片的な情報と想像が頼りの子どもの遊びだった。

「確か、鳥居の代わりにハートマークを描いていたような気がします」

ある日の放課後、キューピッドさんを四人でするのに一人足りないといって、U子さんが誘われた。

ノートを破った紙ではサイズ的に小さいからと、A子ちゃんが新聞の折り込みチラシの裏に鉛筆で文字を書いたものを持ってきていた。

折り込みチラシの裏はテカテカ光っていて、鉛筆で書いた文字は少し見にくかった。

他の二人はB子ちゃんとC子ちゃん。

別段仲良しグループということではなく、普通のクラスメイトといった関係だ。

「キューピッドさん、キューピッドさん。どうぞいらしてください」

A子ちゃんが口火を切った。

「来てくださったら〈はい〉に動いてください」

四人が人差し指を置いた五円玉がすっと動き出した。

五円玉は、一度動き始めるとチラシの上を滑るように移動した。

〈はい〉

A子ちゃんは目で他の三人を制すると、質問を始めた。

「Kくんに好きな人はいますか」

どうやら、第一の質問はあらかじめ決まっていたようだ。

Kくんは、同じ組の勉強もスポーツもできるハンサムな男の子だった。

A子ちゃんは質問の仕方を心得ていた、というか頭の良い子だったのだろう。

五円玉は〈はい〉に動いた。

U子さんは指に力を入れていなかった。すーっと動く五円玉の上にただ指を添えていた感じだったという。

A子ちゃんは、何組の子かと訊かずに「わたしたちの組にいますか」と訊いた。

五円玉は〈はい〉に動いた。

続いて、「出席番号は奇数ですか」と訊く。

他の三人はただそのようすを見ているだけだ。

五円玉は〈いいえ〉に動いた。

「偶数ですね。出席番号が偶数の前のほうですか」

〈いいえ〉

「うしろのほうですね。この四人の中にいますか」

〈はい〉

「それはU子ちゃんですか」

密かにKくんをいいなと思っていたU子さんはどきっとした。

〈はい〉のはずはないと、思っているとその通り〈いいえ〉に動いた。

A子ちゃんは続けてB子ちゃん、C子ちゃんと順に訊ね、五円玉はまっすぐに〈いいえ〉に移動した。

「それはわたしですか」

A子ちゃんは順番なのだから他意はない、といった風に口調を変えずに訊いた。

〈はい〉

ひゃっ、とB子ちゃんとC子ちゃんが冷やかすように小さな声をあげた。

「あなたの名前はなんですか」

質問はB子ちゃんが引き継いだ。

五円玉はなかなか動かない。

U子さんは（キューピッドと答えるのかしら）と思っていたという。

やがてしびれを切らしたような突発的な勢いで五円玉はぐいっと動いた。

五十音のひらがなの上で渦を描くように何周かしたあと〈せ〉と〈つ〉で止まった。

「せつさんですか」

誰かが訊いた。お婆さんの名前みたいだなと思った。

〈はい〉

それから五円玉は意志を持ったように動き始めた。

〈し〉〈ゆ〉〈ん〉〈は〉〈ん〉〈に〉

「あっ『順番に』ですか」

A子ちゃんはなにかすごい発見をしたように声をあげた。

〈はい〉

「順番になんですか」

五円玉は〈し〉に止まった。

さらにすうっと時計回りに円を描くと、な行を上からなぞるように動く。

「いやっ」

B子ちゃんが弾けるように五円玉から指を離すと、その指をかばうようにして胸の前で手を重ねた。

誰もが、自身の予感を言葉にするのを躊躇った。

「やめよっ」

B子ちゃんはランドセルを背負うと「ばいばい」と席を立った。

C子ちゃんもそれに続く。

「ちょっと、キューピッドさんまだ帰ってないよ」

A子ちゃんがあわてて声をかけたが、二人は教室を出てしまった。

A子ちゃんが椅子から立ち上がったとき、風が起きてキューピッドさんの紙がふわりと動いた。

紙はそのまま机の上を滑り、机の縁から落ちる。

U子さんとA子ちゃんはそのようすを視界の隅に捉えていたが、次の瞬間二人は目を見合わせた。

（なにこれ？）

キューピッドさんの紙が机から完全に離れた状態で、空中でぴたりと静止していたのだ。

ずいぶん長く感じたが、時間にすれば十秒くらいだろうか。紙はそのあと、ふわりふわりと振り子のように大げさに左右に揺れながら、ゆっくりと床に落ちた。

A子ちゃんはなぜかその紙をひったくるように拾い上げると、それを持って廊下に走り出ようとした。

二人を追いかけるつもりなのかもしれないが、いつものA子ちゃんとはようすが違って、どこか鬼気迫る雰囲気を感じたという。

U子さんは一人教室に残されるのではないか、と不安になりながらその姿を目で追った。

すると、どんっ、という音がしてA子ちゃんが倒れた。

つまずいて転んだのではなく、うしろから誰かに襟首をつかまれたように両足を前に放り出す形で仰向けに倒れたのだった。

「A子ちゃん大丈夫?」

U子さんはそう大声で訊ねながら、倒れたA子ちゃんの上に静止するキューピッドさんの紙を見たのだった。

その日のU子さんの記憶は、一旦そこで途切れる。

その後、キューピッドさんをした紙がどうなったのかはわからない。

U子さんがキューピッドさんに参加したのはその一度きりだが、その後他の三人がキューピッドさんをしたという記憶もない。おそらく、していないと思う。

社会人になってすぐに小学校の同窓会でA子ちゃんと再会した。

昔と変わらず活動的で綺麗な大人になったという印象だったが、その同窓会から何年もしないうちにA子ちゃんが心不全で急逝したと耳にした。
あの日のキューピッドさんの「順番にし」のあとどう続くはずだったのか。
……あわせになる。
と、無理やり思い込んできたU子さんの願いとは裏腹に、皆の想像通りだったのか。
だとすれば、わたしは何番目なのか。
あのとき、五円玉は確かに「な行」を上から下へと進んでいた。

廃スナック

ある年の夏の終わり。

二十代だったSさんは、深夜に男ばかり友人四人でドライブに出かけた。

翌日はみんな休みだから、一晩中遊んでいられる。

どこへ行くということでもなく、車を走らせながら友人たちと取りとめのない話をするのが楽しかった。

県境近くの山間をのんびりと走るうちに、ひとつの集落に差し掛かった。

その道は、数キロおきにぽつりぽつりと集落が現れ、やがては隣県へと至るどこにでもあるような峠道だったという。

「こんな所にも住んでいる人がいるんだな」

「毎日の買い物はどうしてるんだろう」

「学生や会社勤めの人は麓の町まで下りるだけで大変だな」

余計なお世話だと思いながらも、こうした場所を通るときの会話はいつもだいたい同じである。

集落の中心を抜けると、荒れ地や廃材置き場のような場所が続く。そろそろまた寂しい山道に入ろうかという間際、街灯の弱々しい灯りの下に小さな平屋があった。

一見して廃屋である。

茂った雑草の蔓が全体をまとっているが、ドアの前にある割れた電灯看板で、かつてそこがスナックだったことがわかる。

色褪せて破れたナイロン製の庇の残骸が、錆びた支柱にかろうじて留まっている。いまはこんな姿の店でもかつては賑わっていたのだろう。

建物の横に駐車場と思しき未舗装のスペースがあり、建物の陰に不法投棄された電化製品がいくつか転がっているのが見えた。

「ちょっと停めてくれ。小便がしたい」

友人の一人がいった。

Sさんはスナックの前に車を停めた。深夜だから誰の迷惑にもならないだろう。

誰もがちょうど身体を伸ばしたいタイミンクだった。

全員が車を降り、俺も小便、と別の友人も道の反対側の草むらに向かった。

もう一人はボンネットに寄りかかって煙草をくゆらしている。

Sさんも煙草を吸おうとドアを開け、ダッシュボードの煙草に手を伸ばしたときだった。

スナックのほうから、ミャーミャーと仔猫が鳴いているような声が聞こえた。

野良猫が廃屋の中で仔を産んだのだろうか。それとも建物の横の草むらで鳴いているのか。

鳴き声は一匹ではなく少なくとも四、五匹はいるようだった。

もしかしたら建物を回り込んだ裏にいるのかもしれない。

Sさんは足音を忍ばせて建物の横手を奥に向かった。

スナックの裏庭は店舗と同じくらいの広さだった。

いまは雑草が生え、がらんとしている。

裏庭は建物の陰になっているが、月明かりに加えて点けっぱなしの車のライトと、電柱の外灯の明かりが微かに届くのか、なんとなく足元はわかる。

見ると、地面に白っぽい球体がいくつも転がっていた。

無造作にばらまいたように二十個近く落ちているようだ。

野球のボールだろうか。

硬球や軟式かわからないが、まだ使えるようなら拾って帰ろう。

そう思いながら、なんとなく足元のひとつを足で軽く踏んでみた。

ずぶっ、と潰れた。

Sさんは思わず「うわっ」と声をあげて足を引っ込めた。

「……桃か」

よく見ると、文字通り桃色をした桃の実であった。

それはともかく、なぜ桃がこんなところに落ちているのか。周囲を見ても桃の木らしきものはない。さすがにそれを拾って食べようとは思わなかった。

相変わらずミャーミャーと声が聞こえる。

裏のスペースの奥まったところにスチール製の物置があるのが見えた。

猫はそこにいるのだろうか。

物置は畳一畳ほどの面積の、よくあるクリーム色をした組み立て式のものだ。

塗装が剥げてあちこち錆びている。腐敗して穴が開いている箇所もあった。

扉が一枚、レールから外れていて、物置の右端が三十センチほど開いていた。

物置の中は見えないが、Sさんは、周囲よりも一層深い闇で切り取られた縦長の四角形から目が離せなくなった。

なぜか突然、物置に途轍もなく良い物が入っている気がしてきたのである。

物置の中の物は、廃屋スナックと同じくらい長く放置されてきたのだろう。

つまり物置ごと捨てられているのだ。いや、法律的にはそうではないのかもしれないが、現実的に、中のゴミを誰かが持ち去ったとしても問題はないだろう。

Sさんは足元に転がる桃を踏まないように慎重に物置へ近づいた。

そのとき、Sさんの脳裏に浮かんでいたのは……。

生産が終了してプレミアがついた原付バイク。

持ち主が値打ちを知らないまま、雑に放置したゴルフセット。

手入れをすればまだ十分使えるスノーボード。

真っ暗な物置の中にはそうした物が無造作に捨てられて埃をかぶっているに違いない。

(俺はなんてツイてるんだ)

いま思えば、悪意ある催眠術を掛けられ、何者かに操られているような思考状態だったという。

仔猫への興味はとっくになくしていたが、鳴き声はさらに大きくなっていた。

ミャー、ミャー。

ウニャー、ウニャー。

Sさんは物置まで来ると、外れている戸を払いのけるようにして中に頭を突っ込んだ。

上半身に雑草の青臭さと黴臭さが混じった湿気がまとわりつく。

そこにあったのは、バイクでもゴルフセットでもなく、ひと組の子ども用布団だった。畳んでというよりもロールケーキのように乱暴に巻いた状態で、壁に立てかけられている。

暗い中でも赤い色だとわかるのは敷布団だろうか。

デンデン太鼓や手毬などの昔の子どものおもちゃが描かれている。

落胆したというよりも、現実を目の当たりにした瞬間に我に返ったSさんは、背後から聞こえてくる声にぞっとした。

オギャー、オギャー。

仔猫の鳴き声ではなく、赤ん坊の泣き声だったからだ。

振り返るのは恐ろしいが、このまま背中を向けているのはさらに怖い。

覚悟を決めて振り返ると、地面に転がる桃のひとつひとつがなぜかはっきりと見えた。

Sさんは思わず声をあげた。

桃だと思っていたのは、赤ん坊の頭だった。身体から切り離された頭部だけが、地面に転がっているのだ。

「うわーっ」

Sさんはその場にへたり込んでしまいそうになるのを懸命に堪えながら、転がるようにして車に向かった。

途中、除け損ねていくつかの頭を踏み潰した。

そのたびにずるっと滑って転びそうになる。

頭をひとつ踏むたびに、赤ん坊の泣き声がギャーッという叫び声に変わる。

(桃だ、これは桃だ)

Sさんはそう自分に言い聞かせた。

「行くぞ、逃げるぞ」

Sさんはそう叫びながら、事情を知らない仲間が待つ車に飛び込むと、思い切りアクセルを踏んだ。

靴底がベトベトになったスニーカーは、途中で車の窓から谷に捨てたという。

鉛筆削り

五十代の男性Fさんは現在、父親から受け継いだ工務店を営んでいる。

数年前に父親が鬼籍に入ったのを機に事務所を建てかえたのだそうだ。

古い事務所のまま地味に商売を継いでいくことも選択肢のひとつだったが、悩んだうえで一歩踏み出すことにしたのだという。

景気の先行きが不透明な中での一世一代の勝負でもあった。

若い世代にアピールできるように明るくカジュアルなデザインにし、妻や娘の意見を取り入れて事務所の内装にも凝った。カフェのような雰囲気が好評を得ている。

そんなFさんのデスクの端には、古い鉛筆削りが取り付けてある。

おしゃれな内装とデスク周りにはまるで似合わない手動式の鉛筆削りだ。

塗装が剥げてところどころ錆の浮いた子ども用の鉛筆削りが、存在すべき時代を間違えたかのようにそこにある——。

Fさんが小学校に、二つ違いの弟Mちゃんが幼稚園に入る直前の三月、Fさんの家で法事が執りおこなわれ親戚が集まった。

「FとMは大きくなったらなにになるんや？」

「お父ちゃんみたいな大工さん」

兄弟二人が声を揃えると、誰もが目を細めて偉いねぇと頭を撫でてくれた。

本当は仮面ライダーだったが、そういうと褒めてもらえたのだ。

ちょうどいい機会だと、その日、皆がFさんへの入学祝いを持ってきてくれていた。

小学校に入学となるとひとつの大きな区切りということで、昔もいまも、周囲を巻き込んでの祝い事となる。

一方で、その弟や妹が幼稚園に入園することになっても、同じタイミングだと兄や姉の陰にかくれてしまい割を食う傾向があるのかもしれない。

親戚の人たちはMちゃんの入園を知っていたから、申し訳程度にたとえばノートや鉛筆、帽子などを買ってきてくれたが、その差は歴然だった。

「Mも小学校に入るときには、お祝い貰えるから」

と両親はMちゃんを諭していたという。

綺麗な包装紙に「入学祝い」と書かれた熨斗紙のかけられた箱がいくつも集まった。

親戚が帰ったあと、両親とお祝いを開けてみることにした。

最初の包みをほどくと〈鉛筆削り〉だった。

鉛筆を挿し込んでクリップで固定し、ハンドルをガリガリと回す手動式の鉛筆削りである。青色の側面上半分にはテレビ漫画の主人公が印刷されていて、下部は削りカスが溜まる半透明の引き出しとなっている。

「かっちょいい」

Fさんは飛び跳ねて喜んだ。そのようすをMちゃんは羨ましそうに見ていたという。

他のお祝いは、漫画の主人公の描かれた化粧箱に入った文房具セットや、目覚まし時計、上靴を入れるバッグなど。包みを開けるたびにFさんの目は輝いた。

そして最後のひとつの包装紙をとくとまた〈鉛筆削り〉だった。親戚間で申し合わせたわけではないだろうから、たまたま重なってしまったのだろう。

先に開けた物とまったく同じデザインの色違いだったという。

色は緑色で、印刷されている漫画のヒーローが違った。

Mちゃんは、二つあるなら自分がそのうちのひとつを貰えると思ったのか、「ぼくは緑色がいい」と言った。

「あかん。二つともぼくが貰たんやから」

Ｆさんは、鉛筆削りもいつかは故障するだろうからひとつは予備として残しておくことにしたい、と両親にいった。

正直にいえば、Ｍちゃんにあげるのが惜しくなったのだった。

幼稚園に入ったばかりのＭちゃんに鉛筆削りがいますぐ必要だとも思えず、両親もその意見を了承した。

Ｍちゃんは泣いたけれど、両方ともＦさんの物となった。

四月になってすぐにＭちゃんの身体に変調があった。最初は誰もが風邪を引いたのだろうと思っていたという。

検査の結果、Ｍちゃんは隣町の総合病院に入院することになった。

両親から血液の病気だと説明されたが、Ｆさんにはよくわからなかったという。

Ｍちゃんはまだ数えるほどしか幼稚園に通っていなかった。

母親は病院のＭちゃんに付き添うことになり、父親とＦさんは平日に一、二度と休みの日にＭちゃんを見舞った。

入院をしてどれくらい経った頃だろうか。

Ｍちゃんの枕元には家から持ってきていた小さなおもちゃが並んでいたが、それらで遊んだようすがなかった。

Ｆさんのような子どもの目にもＭちゃんの具合が急激に良くない方向に進んでいることがわかったという。

父親がなにか欲しい物はないかとＭちゃんに訊いた。売店で買ってきてやろうと、アイスやチョコレート菓子の類を訊ねたつもりだったのだろう。

「緑色の鉛筆削り」

Ｍちゃんはいった。

翌日、Ｆさんは父親と一緒に緑色の鉛筆削りを病院に届けた。

「はよ、元気になりや」

緑色の鉛筆削りをＭちゃんの枕元のいちばん近いところに置いてあげたという。

けれども、Ｍちゃんは一度も鉛筆を削ることなく、永遠に目覚めることのない眠りについてしまったのだった。

結局、鉛筆削りは二つともＦさんの物になった。

子どもだったＦさんは、緑の鉛筆削りにＭちゃんを重ねて丁寧に扱うといったこともなく、単純に二つあるからと、なにも考えずにむしろ乱雑に使用していたそうだ。

中学生にもなるとシャープペンシルを使うようになり、鉛筆削りも消しゴムサイズの携帯用の物を使うようになった。青い鉛筆削りはなにかの折に処分してしまった。

二十歳を超えて気づけば、たまたま緑色の鉛筆削りだけが残った。

その頃になってようやくその鉛筆削りを大切に思うようになったという。

Fさんは大学を出ると、父親の工務店を継ぐべく、まずは父親の知り合いの工務店に何年か勤めながら仕事を学ぶことになった。他人の飯を食うという奴である。

父親からの申し送りで勤め先では厳しく指導された。

幸い住み込みではなく、アパートでの一人暮らしであったが、毎日早朝に出て、帰りは深夜になった。

一年も経った頃には、すべてを投げ出して逃げてしまいたくなった。

鞄の中に辞表を持ち歩くまでに追い詰められたという。

その頃からだろうか。

夜、アパートの部屋に戻り、ドアを開けると、誰かの気配を感じるようになった。

しかし、スイッチに手を伸ばし電灯を点けると、その瞬間に気配はすっと消えてしまう。

なぜか怖いとか嫌な感じはしなかった。

「なんていうか、帰ってくるまで誰かが留守番をしていてくれるような感じなんです」

ある日のこと。

Fさんは、明日こそ辞表を出そう。親父には謝るしかない。そう決意しながら深夜にアパートに戻った。

ドアを開け、いつものように電灯を点けようと伸ばした手が止まった。

「誰？」

暗い部屋の中で座卓の横に小さな男の子が正座をしていた。

初めて姿が見えた。

しかもそれは、遠い記憶の中の懐かしいシルエットであった。

お守りとして実家から持ってきた緑色の鉛筆削りでガリガリと鉛筆を削っている。

「Mでした」

Mちゃんは Fさんのほうを向いてにっこりと微笑むと、すっと暗い部屋に溶けるように消えた。

急いで電灯を点けると、削りたての鉛筆の匂いがふわりと香った。

Fさんの現在があるのは、その夜、泣きながら辞表を破り捨てたからだという。

あとがき

このたびは、ひびきはじめ初の単著となります『勿忘怪談《わすれなかいだん》　野辺おくり』をお手に取っていただきまして誠にありがとうございました。

怪談とは何だろう。怪談ファンならば一度はそう考えてみたことがあるのではないでしょうか。ぼくはこういうふうに思っています。

人は日々の生活を「嬉しい」「楽しい」「悲しい」「悔しい」といったさまざまな時間の中に生きています。その中から「首をかしげた」「驚いた」「ぞっとした」等の不可思議な体験をそっと掬い取ったものが怪談ではないのかと。

そして、それは同時に、

「一人一人の大切な人生のひとコマを切り取って、文章や言葉にして共有する」

ことなのだろうと考えます。

この世は、目に見えるものごとだけがすべてではなく、人間をはじめとしたすべての生命にとって「死」はけっして終わりではない。そうした観念が、何かと生きづらい現代社会においてある種の救いとなることは、ぼく自身、一怪談ファンとして実感しています。

あらためて拙著を読み返してみますと、特別な人は出てきません。

登場人物つまり体験者は、普通の人々です。

そういえば……と思い返す、あの日あのときの出来事。

しかしそれは、誰かに話さなければ、その誰かが記憶に留めなければ、いつの日かなにもなかったこととして誰の手も届かないところへ消え去ってしまう儚さとともにあります。

忘れること勿《な》かれ。

わたしを忘れないで。あの人のことを忘れないで。あの出来事を忘れないでいて。

「勿忘怪談」素敵な名前をつけていただきました。

貴重なお話をお聞かせくださった方、刊行にあたりお世話になった関係各位、そして、これまでに出逢ったすべての方との御縁とお力添えによって本書が出来上がりました。

心より感謝申し上げます。

ひびきはじめ

勿忘怪談 野辺おくり

2021年12月6日　初版第一刷発行

著者……………………………………………………………………ひびきはじめ
カバーデザイン…………………………………………………橋元浩明（sowhat.Inc）

発行人………………………………………………………………………後藤明信
発行所……………………………………………………………株式会社　竹書房
〒102-0075　東京都千代田区三番町8-1　三番町東急ビル6F
email: info@takeshobo.co.jp
http://www.takeshobo.co.jp
印刷・製本…………………………………………………中央精版印刷株式会社